Coaching –
sich und andere zum Erfolg führen

Coaching –
sich und andere zum Erfolg führen

von
Rainer Niermeyer

2. Auflage

Haufe
Freiburg · Berlin · München

Die Deutsche Bibliothek – CIP Einheitsaufnahme

Niermeyer, Rainer:
Coaching : sich und andere zum Erfolg führen / von Rainer Niermeyer.
– 2., durchges. Aufl.. – Freiburg (Breisgau) ; Berlin ; München : Haufe,
2001
ISBN 3-448-04659-0

ISBN 3-448-04659-0 Best.-Nr. 00589-0002

1. Auflage 2000 (ISBN 3-448-04298-6)
2., durchgesehene Auflage 2001

Postanschrift: Postfach, 82142 Planegg
Hausanschrift: Fraunhoferstraße 5, 82152 Planegg
Telefon (0 89) 8 95 17-0, Telefax (0 89) 8 95 17-2 50
E-Mail: online@haufe.de, Internet: http://www.haufe.de
Lektorat: Dipl.-Kffr. Kathrin Menzel-Salpietro, Helmut Haunreiter

Umschlaggestaltung: Atelier Höpfner-Thoma, München
Druck: Bosch Druck GmbH & Co. KG, 84004 Landshut
Zur Herstellung der Bücher wird nur alterungsbeständiges Papier verwendet.

Inhaltsverzeichnis

Vorwort

Coaching konzentriert sich
auf Möglichkeiten der Zukunft –
nicht auf die Fehler der Vergangenheit.

Coaching hat sich zum Modebegriff der Personalentwicklung der 90er Jahre entwickelt und wird nun ins neue Jahrzehnt übertragen. Mit jedem Jahr wurde der Begriff vielfältiger in seiner Bedeutung und lief Gefahr, sich abzunutzen. In diesem Buch wird der Begriff auf seinen Ursprung zurückgeführt und mit der Tätigkeit des persönlichen Beraters, den jeder Hochleistungssportler für seine Top-Performance benötigt, vergleichbar gemacht. Es werden die Voraussetzungen für den Coachingprozess geklärt – beim Coach, dem ihm anvertrauten Coachee sowie der Umfeldsituation.

Das Buch bietet eine systematische Zusammenfassung der wesentlichen Bestandteile eines Coachings an. Beginnend beim Erstgespräch schildert es die einzelnen Etappen, in denen es abläuft. Es werden weiterhin alle wichtigen Instrumente und Modelle, die für ein optimales Coaching unerlässlich sind, detailliert beschrieben. Klar und umfassend wird mit Hilfe vieler Beispiele erarbeitet, wie ein Coaching durch die jeweilige Führungskraft oder einen Externen zum Erfolg wird. Dem internen Coaching wird aus zweierlei Gründen besondere Aufmerksamkeit geschenkt. Zum einen gewinnt diese Art des Coachings eine immer größere Bedeutung, nicht zuletzt weil sich in den vergangenen Jahren ein neues Verständnis der Mitarbeiterführung entwickelt hat. Zum anderen ist das Mitarbeitercoaching nicht ganz konfliktfrei. Weiß man aber um die potenziellen Schwierigkeiten, kann man ihnen gezielt entgegenwirken.

Mit seinem umfangreichen Werkzeugkasten, der die wichtigsten Tools eines Coachings beinhaltet, richtet sich das Buch an Praktiker, die davon überzeugt sind, dass die Bereitschaft, neue Denk- und Verhaltensweisen auszuprobieren, einen großen Gewinn für die Mitarbeiter und nicht zuletzt auch für sie selber darstellt.

Schließlich müssen die in diesem Buch beschriebenen Prinzipien nicht beim Coaching als isoliertem Führungsinstrument halt machen, sondern können Bestandteil einer grundsätzlichen Einstellung zur Mitarbeiterführung werden.

Insofern kann das Buch zu einer zusätzlichen reichen Quelle der Inspiration für alle die Leser werden, die mit Kreativität und Offenheit für Neues ihren Führungsstil erfolgreicher gestalten wollen.

Rainer Niermeyer

Was ist Coaching?

Marc-Phillip Bachmann absolviert ein Traineeprogramm in einer renommierten Unternehmensberatung. Anhand von Praxisbeispielen wird er auf seine Tätigkeit als Verhaltenstrainer vorbereitet. Sein Bereichsleiter berichtet ihm in diesem Zusammenhang von der Anfrage einer Nachwuchsführungskraft aus der Telekommunikationsbranche. Zur Vorbereitung auf ihre neue Aufgabe will die Führungskraft gecoacht werden. Marc-Phillip soll bei diesem Coaching hospitieren, um sich so auf eine seiner zukünftigen Aufgaben vorzubereiten.

Er freut sich auf diese Hospitation, fühlt sich bei dem Thema Coaching jedoch noch nicht sicher genug, denn ihm fehlen derzeit noch die Grundlagen, um die Eindrücke während seiner Beobachtungen „on the job" einordnen zu können. „Da gibt es nur eins", sagt Ray Stewart, sein Bereichsleiter. „Bereiten Sie sich auf die Hospitation vor. Ich habe für Sie bereits einen Gesprächstermin mit unseren beiden erfahrensten Coaches vereinbart: Robert Göswein und Mike Hanke. Beginnen Sie am besten jetzt gleich. Robert erwartet Sie bereits. Er möchte mit Ihnen über die Grundlagen des Coachings sprechen. Anschließend wird Ihnen Mike weitere Aspekte des Coachings aufzeigen. Sie werden erfahren, was einen guten Coach ausmacht, Sie lernen den Coachingprozess und das Handwerkszeug eines professionellen Coaches kennen. Weiterhin erfahren Sie Wissenswertes über unterschiedliche Einsatzmöglichkeiten des Coachings. Ich wünsche Ihnen bereits jetzt viel Erfolg, Marc-Phillip."

Marc-Phillip macht sich auf den Weg zu Robert Gösweins Büro. Es interessiert ihn sehr, auf diese Weise Wissen aus der Praxis zu sammeln und unterschiedliche Vorgehensweisen vergleichen zu können.

Als er Gösweins Büro betritt, findet er dort einen entspannt wirkenden Mann Anfang vierzig. Nachdem sie sich begrüßt haben, kommt Robert Göswein gleich zur Sache.

„Wie ich höre, bereiten Sie sich auf das Thema Coaching vor. Gerne erzähle ich Ihnen von meinen Erfahrungen, die ich machte, seit ich mich das erste Mal mit Coaching beschäftigte ..."

Coaching ist eine hochindividualisierte Beratung mit dem Ziel, dass der Mitarbeiter seine Rolle im Unternehmen eigenständig besser ausgestaltet, um erfolgreicher zu sein.

Im Sinne der strategischen Ziele des Unternehmens heißt das, Mitarbeiter in Anlehnung an die Unternehmensgrundsätze so weiterzuentwickeln, dass sie die an sie gestellten Anforderungen auch für die Zukunft erfüllen können.

Im täglichen Beratungsgeschäft und in der Literatur ist man sich über die Bezeichnung des Beraters als „Coach" einig. Bei der zu coachenden Person findet man allerdings zwei parallele Begriffe: Klient und Coachee. In diesem Buch wird der Letztere verwendet.

Robert Göswein berichtet von seinen Erfahrungen: „Damals arbeitete ich mich sehr intensiv in dieses Thema ein und stellte nach einiger Zeit als Coach fest, dass Coaching ein sehr komplexer Prozess ist, mit Höhen und Tiefen. Und das sowohl für den Coach wie auch für den Coachee. Mit einer angemessenen Vorbereitung können Sie jedoch dafür sorgen, dass die Höhen überwiegen..."

Erfolgreiche Coaches verhelfen ihren Coachees zu neuem Wissen und Können. Sie erarbeiten die für den Erfolg notwendigen Fertigkeiten gemeinsam mit ihrem Coachee. Nur eines können sie schwerlich beeinflussen: den grundsätzlichen Willen zur Veränderung. Und der ist unabdingbar für die Weiterentwicklung der „Performance", also des nach außen sichtbaren Verhaltens im Rahmen des Coachings. Die Bereitschaft sollten Sie gleich zu Beginn checken. Wenn diese Voraussetzung stimmt, können Sie auch für sich selbst ein Erfolgsgefühl aus Ihrer Aufgabe ziehen.

Coaching ist vor allem zielgerichtete Kommunikation, und erfolgreich coachen kann nur, wer in hohem Maße über emotionale Intelligenz verfügt ...

„... doch dazu kommt Mike Hanke im weiteren Gespräch mit Ihnen."

„Wenn das Coaching einen so komplexen Prozess darstellt, ist es vermutlich sehr wichtig, die Beziehung zwischen Coach und Coachee zu klären", stellt Marc-Phillip fest. „Und weiter interessiert mich, worin sich Coachings von klassischen Trainings unterscheiden."

„Sie kennen sicherlich den Begriff des Coaches aus der Welt des Sports ..."

Trainer oder Coaches haben das Ziel, einen Einzelnen oder ein Team zur bestmöglichen Leistung zu führen, ohne selbst an deren Ausführung beteiligt zu sein. Der Coach muss noch nicht einmal der bessere Spieler sein. Gerade beim Fußball erscheint es offensichtlich, dass der Torwart den Ball besser fangen kann als sein Trainer. Viele Sportler antworten auf die Frage nach dem Geheimnis ihres Erfolges damit, dass ihr Coach einen deutlichen Anteil daran hat. Es wäre sicherlich anerkennenswert, wenn Mitarbeiter eines Unternehmens Ähnliches über ihre Coaches sagen könnten.

Für viele scheint es sehr einfach, ihrem Golftrainer zu sagen: „Ich habe ein Problem mit meinem Abschlag. Könnten Sie mir bitte eine Weile bei meinem Spiel zusehen und anschließend mit mir daran arbeiten?" Aber nur wenige können sich vorstellen, mit einer vergleichbaren Bitte zum Vorgesetzten zu gehen. Denn viele Vorgesetzte versuchen noch immer, „besser zu sein" als ihre Mitarbeiter, und bedenken dabei nicht, dass diese Haltung vor allem zu Konkurrenzdenken und Rivalität führt anstatt Vertrauen in den Vorgesetzten und Teamgeist zu fördern. Ein Externer oder eine Führungskraft, die sich selbst als Coach sieht, kann den Mitarbeiter und damit das Unternehmen bzw. sich selbst durchaus zum Erfolg führen.

Marc-Phillip macht sich eine Vielzahl von Notizen, um das gerade Gehörte später nochmals nachlesen zu können.

Individuell und effektiv Mitarbeiter fördern

Trainings und Coachings stellen effektive Methoden dar, die Produktivität eines Unternehmens zu steigern, das Betriebsklima zu verbessern, die Fluktuation zu mindern und das Unternehmen am Markt konkurrenzfähig zu halten. Beide Methoden zielen auf die Förderung der Mitarbeiter ab. Eine solche Förderung erreicht jedoch nur dann ihr Ziel, wenn sie zur rechten Zeit erfolgt. Die Mitarbeiter eines Unternehmens haben vielfältige Schulungsmöglichkeiten, die von Kursen im Selbststudium über betriebsinterne und andere Trainings bis hin zu öffentlichen Seminaren und Tagungen reichen.

Jede dieser Möglichkeiten ist neben ihren Vorteilen aber auch mit Nachteilen verbunden. Ein Selbststudium zum Beispiel ist nicht für jeden der richtige Weg zu lernen, weil das motivierende Element des menschlichen Miteinanders fehlt. Bei anderen Möglichkeiten kommt es darauf an, die richtige Art von Schulung zu finden, deren Inhalte von den Teilnehmern an ihrem jeweiligen Arbeitsplatz umsetzbar sind. Seminare und Tagungen geben die Chance, sich mit Kolleginnen und Kollegen aus anderen Bereichen auszutauschen – räumen jedoch nicht jedem Teilnehmer die Möglichkeit ein, individuellen Problemstellungen im Seminar den gewünschten Raum zu geben.

Und hier setzt das Coaching ein. Es geht mit den Möglichkeiten seiner Feinabstimmung deutlich über das Ziel des Trainings hinaus. Es ist exakt auf die individuellen betrieblichen und persönlichen Bedürfnisse des Coachees zugeschnitten. Daher gehört das Coaching als Nachbereitung im Anschluss an ein Seminar eindeutig zu den effektivsten Methoden, neue Fertigkeiten zu entwickeln.

„Ist Coaching nun eine Konkurrenzveranstaltung zum herkömmlichen Training oder ein ergänzendes Instrument oder etwas ganz anderes?“, will Marc-Phillip wissen. „Gute Frage“, meint Robert. „Bei Seminaren und Trainings steht die Wissensvermittlung im Vordergrund – mit dem Ziel, das Verhalten der Seminarteilnehmer in Hinblick auf eine bestimmte Tätigkeit z. B. am Arbeitsplatz zu verändern. Rollenspiele unterstützen häufig bereits den Praxistransfer.

Hierzu ein Beispiel: Der Seminarteilnehmer erlernt in einem Training, wie er eine Präsentation zielgruppenspezifisch mit der Unterstützung von Medien aufbaut und schließlich durchführt. Das Training verfolgt das Ziel, dem Teilnehmer die dazu notwendigen Kenntnisse zu vermitteln und ihn in die Lage zu versetzen, zukünftig erfolgreich Präsentationen zu halten. Aber erst am Arbeitsplatz kann der Coach tatsächlich erkennen, was das Training gebracht hat. Im anschließenden Feedback erfolgt dann eine Detailbetrachtung."

In der Tabelle sind einige Merkmale zusammengestellt, die den genauen Unterschied zwischen Training und Coaching verdeutlichen.

COACHING	TRAINING
zielt auf zukünftige Leistungen	zielt auf derzeitige Leistungen
langfristige Orientierung	kurzfristige Orientierung
Lernen steht im Mittelpunkt	Leistung steht im Mittelpunkt
zielt auf das Potenzial	zielt auf aktuelle Leistung
führt den Einzelnen über bestehende Grenzen hinaus	Konsolidierung innerhalb bestehender Grenzen
betrifft die gesamte Aufgabe	betrifft spezielle Tätigkeiten
basiert auf Dialog	didaktisch aufgebaut
führt neues Material ein	nutzt vorhandenes Material oder weitet es aus

Das Coaching ist im Vergleich zum Training ein sehr individuelles Instrument, mit dem auf die persönliche Situation des Coachees eingegangen werden kann und individuelle, verhaltensorientierte Strategien erarbeitet werden können.

Coaching ist eine Managementmethode, die immer dann geeignet ist, wenn es darum geht, mit Hilfe anderer Menschen ein bestimmtes Ergebnis zu erzielen. Ein optimales Coaching befähigt den Coachee, den

Aufgaben nachzukommen, die er sich selbst vorgenommen oder mit seinem Vorgesetzten vereinbart hat.

Mit Hilfe des Coaches lernt er, die Erkenntnisse aus dem Coachingprozess in Zukunft auf ähnliche Aufgaben zu übertragen. Ziel ist, letztlich auch Eigenverantwortung und Selbstständigkeit zu stärken.

Wann ist Coaching sinnvoll?

Anlässe für Einzelcoachings sind in der Praxis zumeist:

- akute Herausforderungen, die das berufliche und/oder private Umfeld betreffen oder
- der allgemeine Wunsch nach persönlicher oder verhaltensorientierter Veränderung.

Durch persönliche oder berufliche Herausforderungen entsteht die Notwendigkeit, neue Handlungen zu mobilisieren und damit neue Entwicklungen anzubahnen. Problemfelder werden hier als Chance gesehen, eigene neue Entwicklungen zu provozieren. Zur Unterstützung solcher Prozesse ist das Coaching in besonderer Weise geeignet.

Aus dieser Bedeutung heraus suchen viele Menschen, unabhängig von akuten Situationen, Unterstützung, um z. B. ihr berufliches Wirken zu intensivieren oder langfristig zu verändern. Häufig treten diese Wünsche nach überstandenen Krisen oder vor dem Wunsch nach einem beruflichen Wechsel auf.

Die häufigsten Auslöser für ein Coaching

Sicherlich stellt das Coaching einen hochindividualisierten Beratungsprozess dar – keines gleicht dem anderen. Dennoch lassen sich einige klassische Auslöser für den Wunsch nach persönlicher oder verhaltensorientierter Veränderung erkennen.

Entscheidungsunsicherheit im Beruf

Der Coachee zögert bei Entscheidungen. Er ist sich unsicher und hat Angst vor einer falschen Entscheidung. Gleichzeitig hat er den Wunsch, zu besseren und schnelleren Entscheidungen zu kommen.

Schwierigkeiten mit anderen Menschen

Der Coachee kommt mit bestimmten Personen nicht zurecht und meidet diese, weiß aber nicht, was er in der Beziehung zu anderen falsch macht. Erfolge bei Verkäufern bleiben trotz marktfähiger Produkte aus.

Mangelnde Erfahrung mit Führung

Der Coachee übernimmt erstmalig eine Führungsaufgabe und hat noch Probleme mit seiner neuen Rolle als Führungskraft.

Persönliche Schwächen im Beruf, z. B. im Delegationsverhalten

Der Coachee lässt den Mitarbeitern zu wenig Freiheiten im Anschluss an eine Delegation. Statt sich seiner Führungsrolle bewusst zu sein, übernimmt er Aufgaben lieber selbst.

Zukunftsorientierte Weiterentwicklung

Der Coachee möchte sich in einer schnelllebigen Branche auf die nächsten Jahre vorbereiten, die Erfolgsrezepte von heute müssen nicht die von morgen sein. Wie kann er den sich abzeichnenden Herausforderungen begegnen? Was kann er dazu beitragen, um mit seinen Mitarbeitern am Markt erfolgreich zu sein?

Verkümmern hinter dem eigenen Tellerrand

Der Coachee sucht einen Sparringspartner, der Erfahrungen mit den Erfolgsmodellen unterschiedlicher Menschen oder Unternehmen hat. Er möchte Vergleiche anstellen lassen und wünscht sich den allgemeinen Austausch über die von ihm am Arbeitsplatz gelebte Rolle in der Wahrnehmung durch einen Externen.

Kompetenzen entwickeln durch Coaching

In den vorherigen Abschnitten lernten Sie Gründe kennen, aus denen heraus der Wunsch eines Menschen entstehen kann, sich für ein Coaching zu entscheiden. Es gibt einige typische Merkmale, die durch ein Coaching beeinflusst werden können. Die folgende Pyramide stellt diese Eigenschaften systematisiert dar.

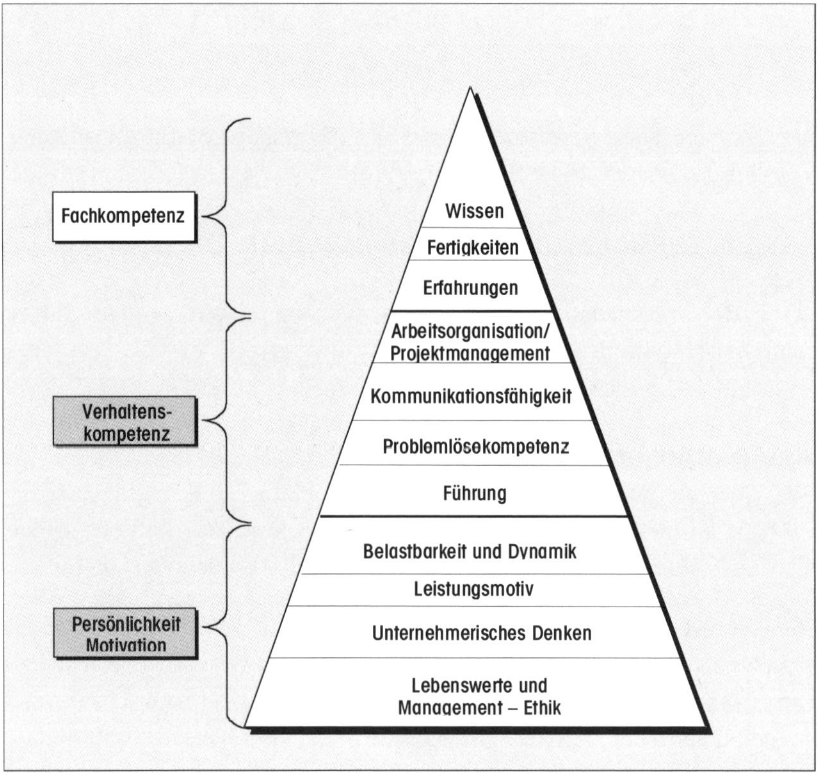

Abbildung: Kompetenzen im Fokus des Coachings

Ein Einzelcoaching bietet sich vor allem im Zuge der Entwicklung der **Verhaltenskompetenz** und der **Persönlichkeit/Motivation** eines Betroffenen an. Demgegenüber bezieht sich das fortwährende „Coaching" eines Mitarbeiters durch seinen Vorgesetzten in der beruflichen Praxis üblicherweise auf die **Fachkompetenz**. Auch vor dem Hintergrund der rapiden Verringerung der Halbwertszeit des Wissens bietet sich eine positionsspezifische Ausweitung des Führungsauftrags in den Unternehmen auf Verhaltenskompetenz und Persönlichkeit/Motivation an.

Formen des Coachings

In der Personalentwicklung lassen sich drei Formen des Coachings beschreiben:

Einzelcoaching

Coaching wird hier als ein zeitlich klar umrissener Prozess verstanden, der die Entwicklung des Coachees in die von diesem gewünschte Richtung vorantreibt. Mitarbeiterführung hingegen kann eher als permanenter Entwicklungsprozess verstanden werden, der sich aber durchaus einiger Kernbestandteile aus dem „Werkzeugkasten" eines klassischen Coachings bedienen kann.

Das Themenportfolio ist umfassend und findet selten Einschränkungen. Maßnahmenvereinbarungen können dabei in den privaten Bereich des Coachees hineinreichen.

Teamcoaching

Mit dieser Form des Coachings sind Teams von Menschen angesprochen, die gemeinsame Ziele verfolgen und bei der Erreichung dieser Ziele von einem Coach unterstützt werden. Bausteine eines Teamcoachings können auch Team-Entwicklungstrainings sein, z. B. im Rahmen von Outdoor-Veranstaltungen. In diesen erhalten die Teilnehmer die Gelegenheit, in unbekannter Umgebung neue Verhaltensmuster für den Berufsalltag auszuprobieren.

Es gibt typische Anlässe für ein Teamcoaching. Sehen Sie dazu die folgende Übersicht:

ANLÄSSE FÜR EIN TEAMCOACHING

Stress und Konkurrenzdruck

Mangelhafte Kommunikation und Kooperation

Fehlende Konfliktbereitschaft

Mangelnde Entscheidungsfähigkeit

Fehlendes Wir-Gefühl

Unzureichendes Methodenwissen

Unklare Rollendefinitionen

Fehlende Zielorientierung

Sonstige zwischenmenschliche Konfliktfelder

Coaching als Führungsaufgabe

Bei dieser Form des Coachings werden Mitarbeiter von ihren direkten Vorgesetzten in ihrer persönlichen beruflichen Entwicklung weitergeführt. Dies hat den Vorteil, dass der Coach über eine genaue Kenntnis des Aufgabenbereichs des Coachees sowie der unternehmensinternen Rahmenbedingungen verfügt. In der Praxis ist diese Form des Coachings jedoch nicht ganz konfliktfrei. Die Enge und der dauerhafte Kontakt des Vorgesetzten zum beruflichen Umfeld seines Mitarbeiters können ein objektives Verständnis für den Vorgang erschweren. Selektive Wahrnehmungsfehler können weiterhin den Prozess belasten.

Da das Rollenverhältnis klar definiert ist, mag der Coachee sich in seiner Offenheit eingeschränkt fühlen. Die Reflexion auf private Lebensumstände geschieht häufig nur am Rande. Auch tiefer gehende persönliche Probleme des Coachees werden in der Regel nicht thematisiert.

Weiß man um diese Besonderheiten, ist es durchaus sinnvoll, ein internes Coaching zu beginnen. Und es ist möglich, den Problemen bewusst entgegenzutreten um die Vorteile des internen Coachings zu nutzen. Genau dies wird im folgenden Kapitel beschrieben.

So coachen Sie Ihre Mitarbeiter

Die meisten Unternehmen befinden sich in einer strukturellen Umbruch- bzw. Aufbruchsituation. Für die Mitarbeiter stellt dies eine neue, für viele auch eine zunächst unliebsame Herausforderung dar – sind doch die persönlichen Erfolgsrezepte der Gegenwart nicht unbedingt die der Zukunft. Die Bereitschaft zu lebenslangem Lernen und ein hohes Maß an Flexibilität sind die mitentscheidenden Kriterien für den beruflichen Erfolg.

Somit gewinnt die Rolle der Führungskraft eine neue Dimension. Denn sie existiert in einem veränderten Bezugsrahmen. Innerhalb dessen ist ein neues Führungsmodell notwendig, das mit dem Begriff „Coaching“ am besten zu umschreiben ist. Beim Mitarbeitercoaching geht es darum, die individuellen Fähigkeiten und Fertigkeiten fortlaufend zu optimieren.

Coachen beschränkt sich dabei nicht nur auf die fachliche Leistung, sondern erstreckt sich auf das gesamte Verhalten „on the job“, teilweise auch auf bestimmte grundlegende Einstellungen. Der Coach muss im Sinne eines ganzheitlichen Ansatzes gemeinsam mit jedem einzelnen Mitarbeiter dessen Stärken fördern und an den Schwächen permanent arbeiten.

Voraussetzung für ein Mitarbeitercoaching ist eine konsultativ-kooperative Grundhaltung des Vorgesetzten. Diese Haltung wird selbstverständlich ebenso außerhalb des Coachings, also im beruflichen Alltag, gezeigt. Prinzipiell gelten die in diesem Buch beschriebenen Spezifika sowohl für externe als auch für interne Coachings. In dem vorliegenden Kapitel werden deshalb vor allem die Besonderheiten des internen Coachings, das durch den Vorgesetzten durchgeführt wird, erläutert.

In einer erweiterten Definition wird ein Mitarbeiter routinemäßig von seinem Vorgesetzten gecoacht - also Coaching als Führungsstil.

Gegenstand unserer Betrachtung soll jedoch das Coaching im technischen Sinn sein. Das Mitarbeitercoaching zeichnet sich besonders durch folgende Charakteristika aus:

- konkreter Anlass der Coachingsequenz
- zeitliche Umgrenzung
- gemeinsames Commitment für den Prozess
- klare Zieldefinition
- Festlegung präziser Erfolgskriterien
- Einsatz der im Werkzeugkasten dokumentierten Kommunikationstechniken
- Evaluation zum Ende des Coachings
- Abschlussgespräch

Typisch ist weiterhin der phasenhafte Verlauf des Mitarbeitercoachings, der auf den Folgeseiten beschrieben wird. Die einzelnen Phasen werden dabei detailliert dargestellt.

Phasen des Mitarbeitercoachings

Ein Mitarbeitercoaching läuft im Idealfall in fünf Stufen ab. Jede dieser Stufen ermöglicht es den Beteiligten, jeweils neu zu entscheiden, wie sie sich künftig verhalten und zusammenarbeiten wollen. Coach und Coachee entscheiden gemeinsam über die weitere Vorgehensweise.

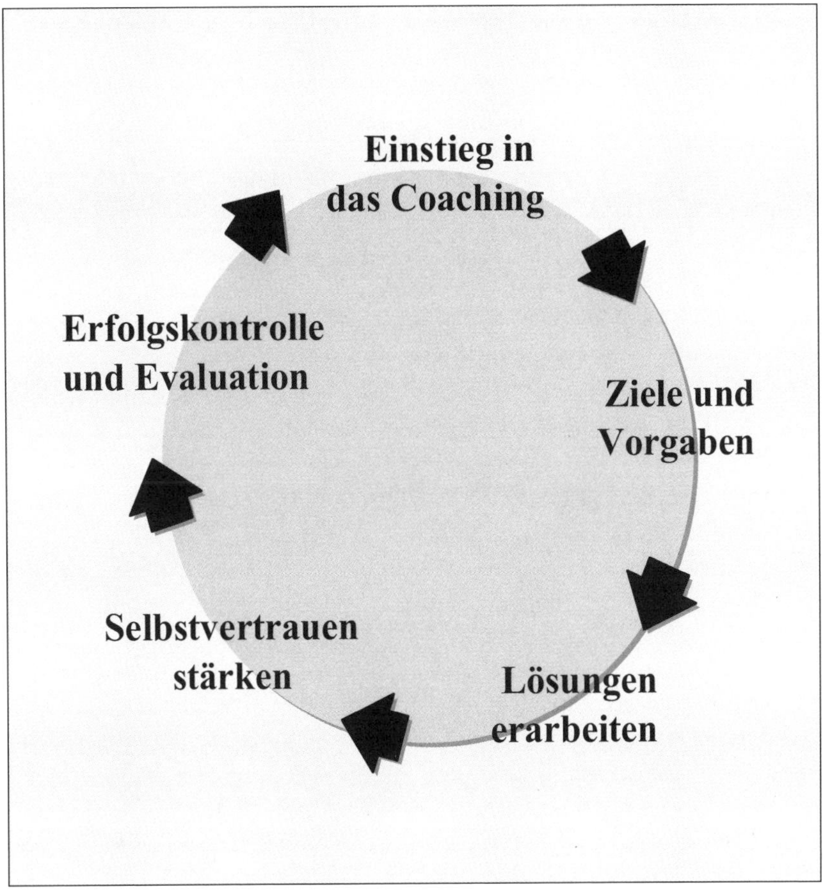

Abbildung: Phasen des Mitarbeitercoachings

Phase 1: Einstieg in das Coaching

Ein Mitarbeitercoaching kann durch eine Reihe von Umständen initiiert werden: Der Mitarbeiter wird befördert, ihm wird ein neues Aufgabenfeld zugeordnet, er lässt Leistungsdefizite erkennen oder er hat ein konkretes Problem zu lösen.

In vielen Fällen verfügen die Mitarbeiter über das notwendige fachliche Wissen, um anstehende Probleme zu lösen. Gleichwohl sind sie unsicher, besitzen noch nicht genügend Selbstvertrauen und wünschen sich daher Unterstützung vom Vorgesetzten. Versucht die Führungskraft nun, das Problem des Mitarbeiters selbst zu lösen, gar die Arbeit abzunehmen oder Lösungen zu erzwingen, schwindet die Selbstachtung des betreffenden Mitarbeiters, er fühlt sich zurückgesetzt, verkannt oder sogar abgewertet.

Steht eine neue Aufgabe für den Mitarbeiter fest und soll sie ihm übertragen werden, ist zunächst sicherzustellen, dass diese Aufgabe für ihn nicht bedrohlich wirkt. Stellen Sie offene Fragen, also solche, die nicht nur mit einem kurzen „Ja“ oder „Nein“ beantwortet werden können. Diese Fragen werden mit W-Fragewörtern (Wie? Warum? etc.) eingeleitet und bieten Anlass für eine ausführliche Stellungnahme des Mitarbeiters. Sie können so die Einstellung des Mitarbeiters zu der neuen Aufgabe klären. Sein Engagement für die Umsetzung der Aufgabe ist von grundsätzlicher Wichtigkeit. Sichern Sie dieses Engagement, indem Sie den Mitarbeiter von Beginn an wissen lassen, dass diese Aufgabe mit allen dazugehörigen Handlungsvollmachten und Verantwortlichkeiten nach Beenden des Coachings in seinen Aufgabenbereich übergeht.

Selten äußern Mitarbeiter den Wunsch, gecoacht zu werden, meist werden sie faktisch dazu „genötigt“. Freiwilligkeit ist jedoch eine der wichtigsten Voraussetzungen, um ein Coaching zum Erfolg zu bringen. So kann die Übertragung einer neuen Aufgabe oder eines Projektes an die Vorgabe geknüpft werden, eine Coachingbeziehung einzugehen. Dabei kommt der klaren Definition eines Kompetenzprofils, das für die erfolgreiche Bewältigung der künftigen Tätigkeit notwendig ist, eine zentrale Bedeutung zu. Das ist die Messlatte. Und das Coaching dient dem Ziel, diese zu erreichen – unter Berücksichtigung der individuellen Voraussetzungen des Mitarbeiters/Coachees.

Wer den Grund, das Ziel und die Themen des Coachings mit dem Mitarbeiter vereinbart, sollte nicht vergessen, dass das Ziel des Coachings darin besteht, den Mitarbeiter beim Ausbau seiner persönlichen Stärken und dem Überwinden seiner Schwächen zu unterstützen. Und wer wird schon gerne auf seine Schwachpunkte hingewiesen?

Der Vorgesetzte sollte also versuchen, den Mitarbeiter durch geschickte Fragetechniken auf alternative Verhaltensmöglichkeiten aufmerksam zu machen, die verschiedenen Dimensionen einer Situation zu durchdenken und damit zusammenhängende, bisher noch unerkannte Fragen zu formulieren.

Die folgende Checkliste kann Ihnen bei der Vorbereitung des Mitarbeitercoachings helfen:

Vorbereitung des Mitarbeitercoachings

- Warum ist bei dem Mitarbeiter ein Coaching nötig?
- Welche Aufgaben/Verantwortung soll der Mitarbeiter zukünftig übernehmen?
- Welchen Nutzen hat der Mitarbeiter aus der Übertragung dieser zusätzlichen Aufgabe? (Nicht nur zusätzliche Arbeitsbelastung!)
- Welche Stärken weist der Mitarbeiter zur Erledigung dieser Aufgabe auf?
- Sind vor dem Coaching mit anderen Personen/Führungskräften Rahmenbedingungen abzuklären?

Phase 2: Ziele und Vorgaben

Zu Beginn des Coachingprozesses müssen die derzeitigen Leistungen des zu coachenden Mitarbeiters eingeschätzt werden und es gilt zu überprüfen, inwieweit er willens und in der Lage ist, Verantwortung zu übernehmen.

Die meisten Menschen schätzen in einem kooperativen und lösungsorientierten Gespräch recht realistisch ein, wie gut sie bestimmte Aufgaben erledigen und wo ihre Kompetenzen liegen. Zusätzlich können die bisherigen Leistungen als Indikator für ihre Fähigkeiten und ihre Arbeitseinstellung herangezogen werden.

Engagement und Bereitschaft seitens der Mitarbeiter sind entscheidend für den Erfolg des Coachings. Mitarbeiter, die mit dem Führungsinstrument Coaching bislang noch keine Erfahrung gemacht haben, brauchen zu Beginn etwas stärkere Vorgaben. Der Coach wird den Prozess hier intensiver lenken und überwachen müssen.

Das Coaching hat das Ziel, die Mitarbeiter dazu zu befähigen, die ihnen übertragenen Aufgaben zu erledigen und zugleich ihre Fähigkeiten zu erweitern. Nicht immer wird sich gleich der Erfolg in dem gewünschten Maße einstellen. Deshalb sollte jede Gelegenheit genutzt werden, kleine Fortschritte in die richtige Richtung beim Mitarbeiter lobend zu erwähnen, um ihn so im passenden Verhalten zu bestärken.

Ziele und Vorgaben des Coachings

- Welche Ziele wollen Sie mit dem Mitarbeiter besprechen? Sind die formulierten Ziele smart, clear & pure (vgl. unten)?
- Ist der Mitarbeiter den neuen Aufgaben hinsichtlich seines Wissens, seines Könnens und seiner Einstellung gewachsen?
- Welche vergangenen Leistungen des Mitarbeiters lassen davon ausgehen, dass das Coaching erfolgreich verlaufen wird?
- Wann soll der Mitarbeiter die erlernten Fertigkeiten selbstständig anwenden können?
- Welche Zwischenziele wollen Sie in der ersten Sitzung mit dem Mitarbeiter vereinbaren?
- Lassen sich Meilensteine auf dem Weg zum Ziel einrichten und bis wann sind diese zu erreichen?
- Wann wird der Coachingprozess unter Berücksichtigung der Fähigkeiten des Mitarbeiters abgeschlossen sein?

PHASE 3: LÖSUNGEN ERARBEITEN

Die Vorgehensweise in dieser Phase ist abhängig davon, inwieweit der Coach auf den persönlichen Lernstil des Mitarbeiters eingehen kann. Auf der Grundlage des individuellen Lernstils des Mitarbeiters wird ein Handlungsplan aufgestellt. Dieser Plan soll sowohl den persönlichen Lernstil berücksichtigen als auch dem Coach die Möglichkeit geben, den Coachingprozess im Hinblick auf die verschiedenen Aspekte der betreffenden Arbeit flexibel zu variieren.

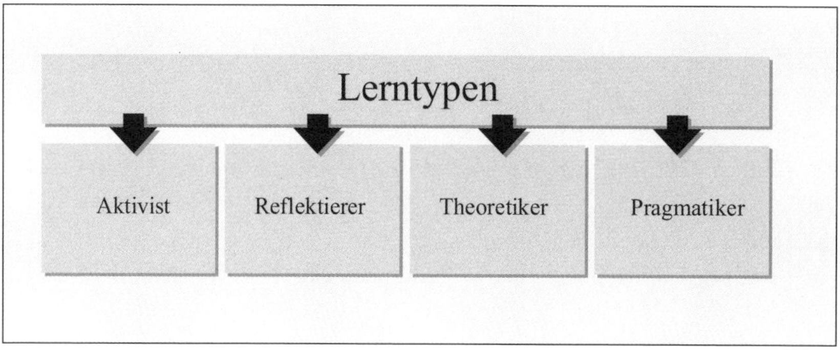

Abbildung: Die Lerntypen

Der **Aktivist** stürzt sich ohne Vorbehalte in neue Erfahrungen. Er lässt sich von seinen unmittelbaren Erfahrungen leiten.

Er ist allem Neuen gegenüber aufgeschlossen – neigt allerdings dazu, erst zu handeln und später über die Folgen seines Tuns nachzudenken.

Aktivisten nutzen gerne das Brainstorming, um Probleme anzugehen. Abwechslung und Erforschung neuer Terrains lassen sie aufblühen. Durchführung und langfristige Konsolidierung hingegen lassen bei ihnen Langeweile aufkommen.

Der Lerntyp des **Reflektierers** nimmt bei einer neuen Aufgabe zunächst Abstand und betrachtet sie aus allen möglichen Blickwinkeln. Er sammelt Daten und Fakten, wägt Informationen ab und trifft so spät wie möglich eine Entscheidung. Die Grundhaltung der Mitarbeiter, die diesem Lerntyp angehören, ist vorsichtig. Sie berücksichtigen vor jedem Schritt die alternativen Gesichtspunkte und Auswirkungen.

Bei Besprechungen sitzen sie gerne hinten und beobachten andere beim Handeln. Insgesamt entwickeln diese Menschen ein weniger klares Profil und erwecken beim Betrachter den Eindruck der Distanz, der Toleranz und der Ruhe.

Theoretiker durchdenken Problemstellungen Schritt für Schritt in der korrekten Reihenfolge. Sie neigen zum Perfektionismus. Sie analysieren und systematisieren gern und sind stets auf der Suche nach Grundannahmen, Prinzipien, Theorien und Modellen.

Vernunft und Logik sind Grundhaltungen, denen sie uneingeschränkt zustimmen. Auch Theoretiker wirken distanziert. Problemen nähern sie sich durch logische Überlegungen. Andere Vorgehensweisen, eine Aufgabenstellung zu lösen, lehnen sie hartnäckig ab.

Der **Pragmatiker** greift neue Ideen positiv auf und experimentiert bei der ersten sich bietenden Gelegenheit. Weiterbildungen lassen ihn vor Tatendrang strotzen. Pragmatiker treiben die Dinge gerne voran und setzen Ideen, die sie unbedingt anwenden wollen, schnell mit einer großen Portion Optimismus um. Offene Fragen sind ihnen ein Greuel und lassen sie ungeduldig werden.

Der Coach sollte nicht nur den Lernstil des zu coachenden Mitarbeiters kennen, sondern auch seinen eigenen, weil dieser Einfluss auf seinen Coachingstil hat. Sind Coaches z. B. Aktivisten neigen sie dazu, den anderen „ins kalte Wasser zu werfen“. Für den Erfolg des Coachings ist eine Synchronisation der Stile entscheidend.

Wer erfolgreich coachen möchte, sollte wissen wie die verschiedenen Lerntypen mit neuen Lernerfahrungen umgehen.

Die Lerntypen

Lerntyp	**Positive Wirkung**	**Ungünstige Wirkung**
Aktivist	Brainstorming arbeiten mit Mind-Maps Moderationstechnik Rollenspiele auf ein Mindestmaß an Planung bestehen	nur zuhören und beobachten bloßes Wiederholen
Reflektierer	Einzelarbeit ausreichend Zeit Möglichkeit zu beobachten	Rollenspiele Zeitdruck
Theoretiker	klare Zieldefinition genug Zeit Gelegenheit, Fragen zu stellen	fehlende Strukturen Aktivismus Entscheidungsdruck
Pragmatiker	vormachen ausprobieren Praxisbezug	Theorie Prinzipien

Die Checkliste fasst für Sie die einzelnen Punkte zusammen, die Sie berücksichtigen sollten, wenn Sie mit Ihrem Mitarbeiter Lösungen erarbeiten.

Lösungen erarbeiten

- Welchen persönlichen Lernstil hat der Mitarbeiter?
- Welchen Lernstil habe ich als Coach?
- Kann der Lernstil des Mitarbeiters das Ziel gefährden (z. B. überzogener Aktivismus)?
- Mit welchem Aktionsplan sollen die erzielten Fortschritte des Coachees überprüft werden?

- Wie kann der Coachee in der Erreichung des Ziels unterstützt werden?
- Welche Fragen können dem Coachee helfen, die mit der Aufgabe verbundenen Probleme zu erkennen und zu lösen?

Phase 4: Selbstvertrauen stärken

In der vorletzten Phase des Mitarbeitercoachings kommt es sehr stark auf die Professionalität des Coaches an. Vergegenwärtigen wir uns noch einmal das Ziel des Coachingprozesses: Der Mitarbeiter soll nach Beendigung des Coachings in der Lage sein, die neue Aufgabe eigenverantwortlich und in der geforderten Qualität zu erledigen. Dabei sollen seine beruflichen Kompetenzen weiterentwickelt werden.

Der Vorgesetzte begleitet seinen Mitarbeiter als Coach auf dem Weg zu diesem Ziel. Er nimmt in dieser Phase des Weges eine Reihe von Rollen an: Vorgesetzter, Coach, Mentor, Vaterfigur, Freund u. v. a.

In dieser Phase des Coachings soll das Selbstvertrauen der Mitarbeiter gestärkt werden. Das geschieht vor allem dadurch, dass sie ernst genommen werden und ein Gefühl der Wertschätzung erfahren. Sie können dies besonders durch folgende Verhaltensweisen bewirken:

- hören Sie aktiv zu
- stellen Sie Entwicklungsfragen
- wägen Sie Lösungsvarianten ab
- zeigen Sie die Konsequenzen aus bestimmten Handlungen auf
- geben Sie eigene Erfahrungen weiter
- geben Sie unterstützendes Feedback

Die Förderung des Selbstvertrauens ist die Voraussetzung für die Weiterentwicklung des persönlichen Kompetenzspektrums und die Realisierung desselben auf dem Arbeitsplatz.

Der Coachee durchläuft in seinem Berufsleben Stationen, die von Wachstum, Stabilität und Veränderung geprägt sind. In jeder dieser Stadien stehen wichtige psychische Reifungsprozesse an. Das berufliche

Können und die Ziele des einzelnen Menschen entwickeln und verändern sich im Laufe der Zeit, wobei die Erfahrungen der ersten Berufsjahre die späteren Ziele beeinflussen.

Die berufliche Entwicklung eines Menschen kann in drei Richtungen erfolgen: horizontal, vertikal und radial.

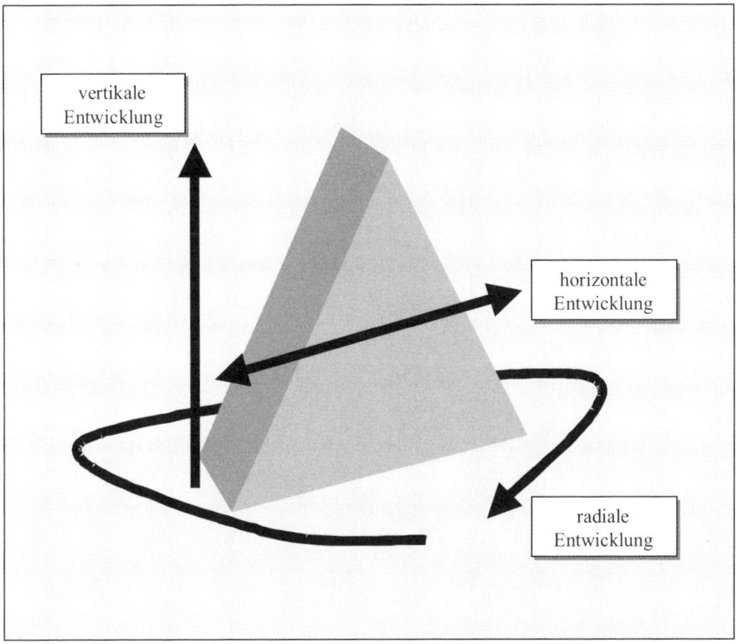

Abbildung: Die Richtungen der beruflichen Entwicklung

Sehr deutlich verläuft die Entwicklung entlang der vertikalen Achse. Mitarbeiter werden befördert und steigen von einer Ebene zu einer weiteren Ebene auf.

Mitarbeiter, die den Beruf oder das Tätigkeitsfeld wechseln, bewegen sich entlang der horizontalen Ebene.

Weiten Mitarbeiter durch Ausbildung, Seminar oder Coaching ihren Erfahrungs- und Verantwortungsbereich aus, vollzieht sich hier eine radiale Entwicklung.

Der Coach sollte daher die zukünftige Entwicklung seines Mitarbeiters ins Coaching einbeziehen. Wenn nicht vertikal, also stets weiter nach oben auf der Hierarchietreppe aufsteigend, so verläuft die durch das Coaching angestoßene Entwicklung möglicherweise radial. Der Coachee bekommt Zugang zu speziellen Privilegien und/oder sonstigen Förderungsprogrammen wie etwa Möglichkeiten der Personalentwicklung. Hierarchisch bleibt er dabei auf der gleichen Ebene.

Zu einer horizontalen Entwicklung kommt es, wenn der Mitarbeiter neue Pflichten und Aufgaben übernimmt, dadurch jedoch nicht im klassischen Sinne die Karriereleiter erklimmt.

Unabhängig von der Richtung der beruflichen Entwicklung muss berücksichtigt werden, in welchem beruflichen Stadium der Mitarbeiter sich gerade befindet. In der Personalentwicklung werden gemäß ungefährer Alterskategorien vier Entwicklungstypen unterschieden:

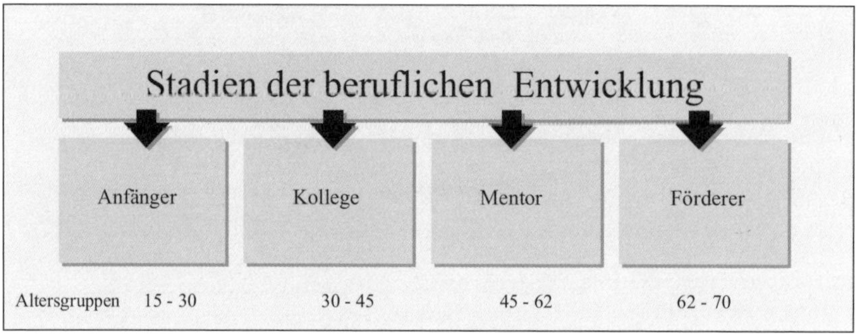

Abbildung: Die Stadien der beruflichen Entwicklung

In der **Anfängerphase** sind Mitarbeiter stark auf die Hilfestellung des Vorgesetzten angewiesen. Sie erfahren, wie sie das durch die Schule erworbene Wissen und die bisherigen Berufskenntnisse für ihre gegenwärtige Aufgabe einsetzen können.

In der zweiten Phase, der **Kollegenphase,** arbeiten die Mitarbeiter mehr und mehr eigenständig. Die Erwartungen an die Betroffenen werden höher. Teamverhalten ist Bestandteil dieser Phase.

In der **Mentorenphase** übernehmen die Betroffenen zunehmend Verantwortung für Kollegen oder eigene Mitarbeiter.

In der **Fördererphase** finden die Steuerung des Unternehmens und der Unternehmenserfolg mehr und mehr ihre Aufmerksamkeit. Eigene Karrieregedanken treten in den Hintergrund.

Dieses grobe Raster verdeutlicht Tendenzen und ist vor dem Hintergrund der breit gefächerten Individualität menschlicher Entwicklungswege zu betrachten. In den Phasen ihrer beruflichen Entwicklung bewältigen die Menschen nicht nur berufliche Aufgaben, sondern durchlaufen auch wichtige persönliche Entwicklungsschritte. Diese sind gekennzeichnet von einem zunehmenden Maß an Vertrauen in die eigene Leistungsfähigkeit sowie generell von einer Steigerung des Selbstvertrauens.

Das Mitarbeitercoaching muss daher auf die sehr individuellen Bedürfnisse der jeweiligen Person zugeschnitten werden.

Selbstvertrauen stärken

- Wie kann das Coaching zu einer beruflichen Weiterentwicklung des Mitarbeiters beitragen?
- In welcher beruflichen Lebensphase befindet sich der Mitarbeiter?
- Wie kann eine Atmosphäre geschaffen werden, in der das Risiko eines Misserfolges so gering wie möglich gehalten werden kann?

Phase 5: Erfolgskontrolle und Evaluation

In dieser Phase liegt die Hauptaufgabe des Coaches in der Prüfung, welche Fertigkeiten beim Mitarbeiter für die Umsetzung der vereinbarten Ziele vorhanden sind und welche noch entwickelt werden müssen.

Es ist hier wichtig, die Kontinuität des Veränderungsprozesses beim Coachee zu sichern. Dieses Sicherungssystem kann z. B. über eine Bewertungsskala eingerichtet werden, auf der die Entfernung des Ist-Verhaltens von dem vereinbarten Soll-Verhalten abgebildet wird. Auf diese Weise kann das Mitarbeiterverhalten mit der Ziffer 5 für die Realisierung des Idealverhaltens im Rahmen des Kompetenzprofils dargestellt werden, während die Ziffer 1 dokumentiert, dass sich das aktuelle Verhalten des Mitarbeiters noch sehr weit vom Idealverhalten befindet.

Die folgende Abbildung verdeutlicht das am Beispiel eines Kundenbetreuers.

	1	2	3	4	5
Der Mitarbeiter beginnt das Telefongespräch mit einem Warming-Up	☐	☐	☐	☐	☐
Der Mitarbeiter fragt zunächst die Bedürfnisse beim Kunden ab.	☐	☐	☐	☐	☐
Der Mitarbeiter stellt offene Fragen.	☐	☐	☐	☐	☐
Der Mitarbeiter vermeidet negative Formulierungen.	☐	☐	☐	☐	☐
Der Mitarbeiter setzt Verstärker in dem Gespräch mit dem Kunden ein.	☐	☐	☐	☐	☐
Der Mitarbeiter schließt das Gespräch mit einer konkreten Vereinbarung mit dem Kunden ab.	☐	☐	☐	☐	☐

Abbildung: Bewertungsskala für einen Kundenbetreuer

Da es um die Einschätzung des Mitarbeiterverhaltens geht, sollte das Urteil des Mitarbeiters gleichberechtigt neben dem des Vorgesetzten stehen. Beide nehmen in einem gemeinsamen Gespräch die Einschätzung vor und begründen ihr Urteil. Bewertet werden sollten hauptsächlich Abweichungen des Verhaltens vom vereinbarten Idealwert, wobei Kritik am Verhalten des Coachees in den Hintergrund zu treten hat.

Auch nach Abschluss des Coachings darf die Unterstützung nicht aufhören. Der Coach sollte die positiven Ergebnisse seines Mitarbeiters würdigen. Das Feedback soll sich auf konkrete Handlungsweisen beziehen und diese als Folge bestimmter Verhaltensweisen beschreiben: „Sie haben diese Aufgabe in der geforderten Qualität (Ergebnis) erledigt (Handlung)."

Es gilt, dem Mitarbeiter Anerkennung für die geleistete Arbeit auszusprechen, ihn darauf aufmerksam zu machen, dass er selbst maßgeblich an dem Erfolg des Coachings beteiligt war und stolz auf das Ergebnis sein kann. Dem Mitarbeiter soll bewusst werden, in welchem Maß er für das Ergebnis verantwortlich ist.

Dem Coachee ist zu signalisieren, dass der Vorgesetzte bei Gesprächsbedarf jederzeit zur Verfügung steht.

Den richtigen Coachingstil finden

Damit ein Mitarbeitercoaching den höchsten Wirkungsgrad erreicht, sollte das Coaching sehr individuell am Coachee ausgerichtet werden. Der Führungskraft muss bewusst sein, mit welchen Fähigkeiten und welchem Engagement der Mitarbeiter die derzeit gesteckten Ziele erreicht.

Unter Fähigkeiten sind die beruflichen Fertigkeiten, sein Wissen und seine Erfahrungen gemeint. Engagement ist das Vertrauen des Mitarbeiters in seine eigenen Fähigkeiten sowie die gezeigte Verantwortung bei der Erledigung seiner Arbeit.

Fähigkeiten und Engagement des Mitarbeiters lassen sich unter dem Begriff der aufgabenbezogenen und sozialen Reife zusammenfassen. Mit der „Reife des Mitarbeiters" ist das Zusammenspiel von Motivation, Verantwortungsbereitschaft und Erfahrung in Bezug auf die zu bewältigende Arbeit gemeint.

Es liegt auf der Hand, dass unterschiedliche Mitarbeiter über unterschiedliche Reifegrade verfügen und somit der zu wählende Coachingstil bei jedem Mitarbeiter anders sein kann. Betrachtet man wiederum den einzelnen Mitarbeiter, so ist festzustellen, dass sich der individuelle berufliche und soziale Reifegrad desselben Mitarbeiters unter Umständen in relativ kurzer Zeit verändert.

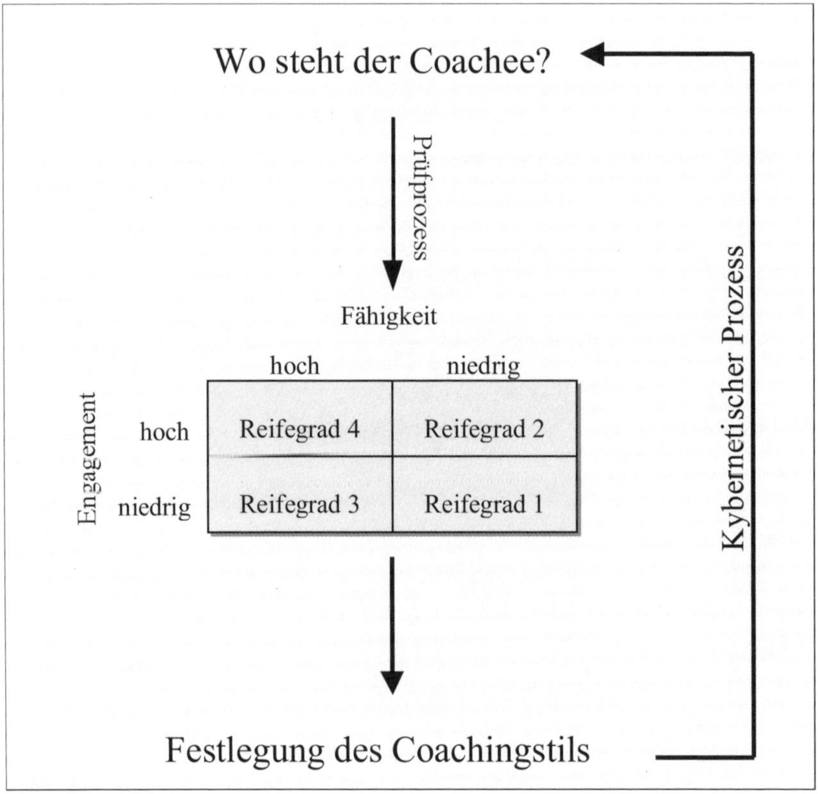

Abbildung: Festlegung des Coachingstils

In der Konsequenz heißt das, dass es nicht einen bestimmten Coachingstil für ein und denselben Mitarbeiter gibt. Vielmehr sollte immer wieder geprüft werden, wo sich der Mitarbeiter gerade befindet, um anschließend einen individuellen Stil für die jeweilige Coachingsituation zu wählen.

Der Prüfprozess, in dem der Reifegrad des Mitarbeiters festgestellt und der entsprechende Coachingstil gefunden wird, ist somit ein kybernetischer Prozess, es findet eine wechselseitige Anpassung statt.

Wird der Reifegrad durch das Coaching erhöht, ist, um das Coaching weiterhin sinnvoll zu gestalten, gleichzeitig der Coachingstil der neuen Situation anzupassen.

Wie Sie in der vorhergehenden Abbildung erkennen konnten, werden vier Reifegrade unterschieden. An folgenden Verhaltensweisen des Mitarbeiters können Sie feststellen, auf welcher Stufe sich dieser befindet:

Reifegrad 1

Der Mitarbeiter ist weder fachlich kompetent noch motiviert genug, die neue Aufgabe zu erfüllen.

Reifegrad 2

Der Mitarbeiter ist motiviert und bereit, Leistung zu zeigen, allerdings fehlt ihm noch die fachliche Kompetenz, um die neue Aufgabe erfüllen zu können.

Reifegrad 3

Der Mitarbeiter hat die Kompetenzen, die Aufgabe zu erfüllen, ihm fehlt es jedoch noch am notwendigen Engagement.

Reifegrad 4

Der Mitarbeiter verfügt über die fachliche Kompetenz sowie über ein hohes Engagement, die vorgesehene Aufgabe zu übernehmen.

Um die Fähigkeiten eines Mitarbeiters adäquat einschätzen zu können, empfiehlt sich folgender Check:

Fähigkeit/Engagement

Fähigkeit

- Kann der Mitarbeiter aufgetragene fachliche Problemstellungen eigenständig lösen?
- Gibt es ein Wissensdefizit, das ausgeglichen werden muss, bevor die neue Aufgabe angegangen wird?
- Arbeitet der Mitarbeiter selbstständig?
- Sucht der Mitarbeiter berufliche Entscheidungen oder meidet er sie?

Engagement:

- Ist der Mitarbeiter in der Lage, seine Rolle im Team/als Führungskraft klar zu definieren?
- Setzt der Mitarbeiter sich gerne mit neuen Aufgaben auseinander?
- Verfügt der Mitarbeiter über eine hohe Bereitschaft zur Leistung?
- Ist der Mitarbeiter belastbar?
- Hat er die Grenzen seiner Belastbarkeit erreicht oder verfügt er über Reserven?
- Welche Motive spornen den Mitarbeiter zur Leistung an?
- Sucht oder meidet der Mitarbeiter Verantwortung?

Die vier Coachingstile

Aus der Kombination der Reifegrade „Fähigkeit“ und „Kompetenz“ ergeben sich vier mögliche Coachingstile, die in der nachfolgenden Abbildung veranschaulicht werden.

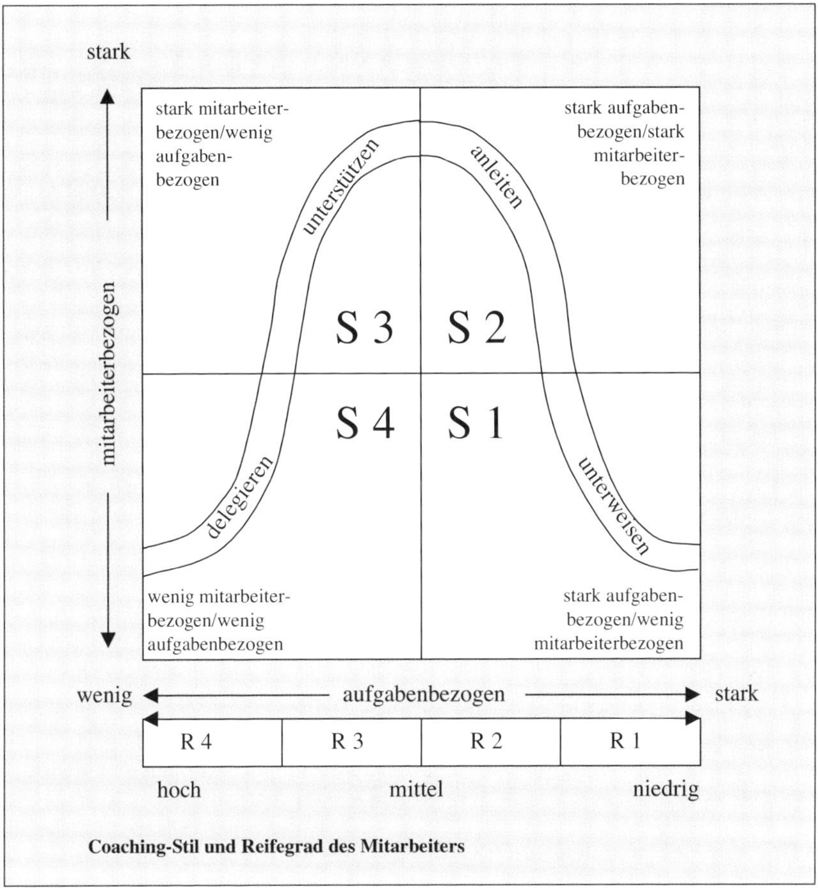

Abbildung: Die vier Coachingstile

Coachingstil 1: Unterweisen

Das Vorgehen im Coaching eines Mitarbeiters ist bei diesem Stil durch eindeutige Anweisungen zu einem bestimmten Verhalten charakterisiert. Der Mitarbeiter verfügt weder über die notwendigen Fähigkeiten, die neue Aufgabe zu erfüllen, noch ist er engagiert genug. Das Coaching orientiert sich in dieser Situation sehr stark an der Aufgabe des Mitarbeiters.

Coachingstil 2: Anleiten

Sind bei dem Mitarbeiter die Fähigkeiten zwar noch gering ausgeprägt, ist die Leistungsbereitschaft bezüglich der Aufgabe jedoch trotzdem hoch, dann sollte der Coachingstil „Anleiten“ praktiziert werden.

Der Vorgesetzte leitet und überwacht die Aufgabenbewältigung noch stark. Der Mitarbeiter engagiert sich in der Bewältigung der neuen Aufgabe deutlich. Aufgrund dieses Engagements bespricht der Coach anstehende Entscheidungen mit dem Mitarbeiter und fordert ihn auf, Vorschläge zu machen. Fortschritte des Coachees sollten besprochen und anerkannt werden, um sein Engagement für die Aufgabe zu erhalten.

Coachingstil 3: Unterstützen

Der Mitarbeiter verfügt über umfangreiches Wissen, die neue Aufgabe zu bewältigen. Ihm fehlt jedoch noch eine gute Portion Engagement, um alle notwendigen Prozesse der ihm anvertrauten Arbeit in der geforderten Qualität zu erfüllen. Dieser Mitarbeiter wird mit dem Stil „Unterstützen“ gecoacht.

Unterstützen heißt hier, dass der Mitarbeiter von seinem Coach Hilfestellung bei Entscheidungen bekommt, die ihn ermutigen und fördern soll. Diese Art des Coachings ist für die Entwicklung eines Mitarbeiters dann von großer Bedeutung, wenn es gilt, Probleme und Schwierigkeiten, seien sie arbeitsbedingt oder aus dem privaten Umfeld, sinnvoll zu bewältigen.

Coachingstil 4: Delegieren

Bei diesem Coachingstil überträgt der Coach seinem Mitarbeiter die Verantwortung für die zu lösenden Aufgaben und die Entscheidungskompetenz. Dieser Stil ist angebracht, wenn der Mitarbeiter über ein hohes Maß an Fähigkeiten und das notwendige Eigenengagement verfügt.

Ausgangspunkt für Vorgesetzten und Mitarbeiter ist eine gemeinsame Vereinbarung über die Wahl des richtigen Coachingstils. Legt der Coach den Stil fest, ohne den Mitarbeiter einzubeziehen, kann dies zum Scheitern des Coachings führen, da möglicherweise unterschiedliche Ansichten über den Inhalt und die Vorgehensweise bestehen.

Die folgende Übersicht beschreibt zusammenfassend die vier Coachingstile:

Übersicht über die vier Coachingstile

Coachingstil: Unterweisen

Der Coach gibt präzise Anweisungen und beaufsichtigt gewissenhaft die Durchführung der Aufgabe.

Coachingstil: Anleiten

Der Coach lenkt und überwacht weiterhin gewissenhaft die Durchführung der Aufgabe, bespricht aber seine Entscheidungen mit dem Mitarbeiter, bittet ihn um Vorschläge und unterstützt seine Fortschritte.

Coachingstil: Unterstützen

Der Coach fördert und unterstützt den Mitarbeiter bei der Durchführung der Aufgabe und teilt die Verantwortung für die zu fällenden Entscheidungen mit ihm.

Coachingstil: Delegieren

Der Coach überträgt dem Mitarbeiter die Verantwortung für die zu fällenden Entscheidungen und die zu lösenden Probleme.

Wie bereits beschrieben, muss zu Beginn des Coachings weiterhin festgelegt werden, welches Ziel mit dem Prozess erreicht werden soll. Hierbei empfiehlt es sich, ein detailliertes Anforderungsprofil der neuen Stelle des Mitarbeiters zu erstellen. Liegt ein solches Soll-Profil vor, sollte die Frage nach den gewünschten Ausprägungen im Rahmen eines Kompetenzprofils gestellt werden. Bei der Gewichtung der Einzelanforderungen sollte sich der Vorgesetzte am Idealfall der Position orientieren und nicht am Ist-Stand des Mitarbeiters.

Folgende Leitfragen unterstützen Sie dabei, ein Soll-Anforderungsprofil zu erstellen:

- Über welches Know-how muss der Mitarbeiter verfügen, um die neue Aufgabe erfolgreich durchzuführen?
- Welche Fähigkeiten und Fertigkeiten sind für die neue Stelle notwendig?
- Wie hoch müssen Engagement und Motivation für die neue Stelle sein?

Anschließend sind die Soll-Anforderungen in Handlungsanweisungen umzuformulieren, um sie so kommunizierbar, messbar und beobachtbar zu machen. Damit hat der Vorgesetzte die Möglichkeit, seine Beobachtungen zu bewerten und Ist und Soll gegenüberzustellen.

Persönlicher Entwicklungsplan für:

Für den Zeitraum vom: bis:

Das sind meine Stärken. Die will ich beibehalten! 1. 2. 3. 4.	Das sind meine Schwächen, die ich abbauen möchte! 1. 2. 3. 4.
Das will ich zur Erhaltung meiner Stärken tun! 1. 2. 3. 4.	Das will ich tun, um die Schwächen abzubauen!

An diesen Problemen werde ich arbeiten 1. 2. 3. 4.	Im Seminar	AmArbeits-platz	Literatur

Abbildung: Persönlicher Entwicklungsplan

Im turnusmäßigen Coachinggespräch wird über die Diskrepanz zwischen Soll und Ist gesprochen. Ergänzt werden kann dieses Gespräch um persönliche Themen des Mitarbeiters wie z. B. persönliche Ziele, Karriere- und Lebensplanung. Das Ergebnis des Gesprächs sollte dokumentiert werden.

Die Persönlichkeit der Führungskraft ist von zentraler Bedeutung für den Erfolg im Coachingprozess. Der Vorgesetzte muss bewusst überprüfen, inwieweit er innerhalb des Coachingprozesses in „normales" Führungsverhalten fällt und damit eher gegen das Ziel des Coachings arbeitet als dafür. Die folgende Übersicht verdeutlicht den Unterschied zwischen einem Coach und einem Vorgesetzten.

VORGESETZTER	COACH
kurzfristige Leistungserbringung als Vorbild im Team	Leistungsbereitschaft entwickeln und optimieren
Aufgabe optimal lösen und messbare Erfolgskontrolle	gemeinsame Problemanalyse, Strategie, Entwicklungsplan
„dem Erfolg nachrennen"	Erfolgsprogramme vom Mitarbeiter entwickeln lassen
Stärke zur Geltung bringen	Potenziale entwickeln; Schwächen bewusst machen, akzeptieren, mildern
Fehler vermeiden	aus Fehlern lernen
bisher Gelerntes optimal umsetzen; zur richtigen Zeit das richtige Programm	Zusammenhänge zeigen und verstehen; Gelerntes kreativ und situationsgemäß anwenden
Befriedigung durch momentane gute Leistung	Befriedigung durch Eigeninitiative und Motivation
Vertrauen ausstrahlen und rechtfertigen	Selbstvertrauen des Einzelnen stärken

Handeln wie gelernt, Gefühle sind zweitrangig	Gefühle positiv verstärken
Reserven bei Bedarf abrufen können	Reserven mobilisieren können, Grenzerfahrungen ermöglichen
Zwang zu 100 %igem Erfolg	Vision, positive Aktion, Intuition
fordern, anweisen	zur Zielerreichung motivieren

Marc-Phillip macht seine Notizen. Er hat nun ein großes Bündel verschiedener grundlegender Informationen zum Thema Coaching von Robert Göswein erfahren. „Mich interessiert jetzt natürlich brennend, wie ein Coaching in der Praxis abläuft! Gibt es hierfür ein allgemeines Konzept, wie der Ablauf eines Coachings aussehen könnte?“

„Zu diesem Thema möchte ich Sie gerne an unseren Kollegen Mike Hanke weiterleiten“, sagt Göswein, „er hat sich sehr intensiv mit diesem Thema beschäftigt. Er weiß, dass Sie kommen. Viel Erfolg, Marc-Phillip, melden Sie sich gerne, sofern Sie noch Fragen haben!“

Wie läuft das Coaching ab?

„Gerne beschreibe ich Ihnen nun den typischen Ablauf eines Coachings," sagt Mike Hanke zu dem Trainee Marc-Phillip, nachdem dieser sich vorgestellt hat. „Ich erinnere mich hier an ein Coaching für einen Filialleiter einer mittelständischen Bank. Seit 15 Jahren war er bereits in der Bank und seit zwei Jahren erfolgreich mit ersten Führungsaufgaben betraut. Dabei wurde er von seinem Vorgesetzten systematisch aufgebaut. Die Arbeiten gingen ihm leicht von der Hand.

Nun galt es, ihn für die Aufgabe vorzubereiten, eine Filiale der Bank zu leiten. Um ihn nun zielgerichtet für seine neue Führungsaufgabe zu trainieren, entschied sich der Vorstand, ihn noch vor seinem ersten Tag als Filialleiter mit einem Coaching zu unterstützen. Dieses fand zunächst ‚off the job' statt. Der Mitarbeiter traf sich also mit mir. Nach dem ersten Kennenlernen und ‚Beschnuppern' erarbeiteten wir ein klares Anforderungsprofil hinsichtlich der künftig von ihm zu erbringenden Leistungen. Auch kamen bereits die Wünsche des Coachees hinsichtlich der Entwicklungsnotwendigkeiten, die er noch sah, zur Sprache.

Aber erst die sorgfältige Erhebung im Rahmen von Beobachtungen am Arbeitsplatz, z. B. hinsichtlich seines Umgangs mit Mitarbeitern, oder durch Profilerhebungen erbrachte ein differenziertes Bild seiner Verhaltensweisen und künftiger Potenziale. Der Vergleich dieses Ist-Zustandes mit dem anfangs definierten Soll-Zustand gab Klarheit über die einzuleitenden Entwicklungsmaßnahmen.

Mittels einer Vielzahl interaktiver Übungen und durch Einsatz von Video-Feedback trainierte ich mit ihm viele der Situationen, mit denen eine Führungskraft konfrontiert werden kann. Seine Performance wurde stets besser und er erlangte vor allem mehr Sicherheit und Selbstverständlichkeit.

Wir vereinbarten anschließend, in drei Monaten ein Check-up-Coaching durchzuführen, um die ersten hundert Tage in der neuen Führungsaufgabe Revue passieren zu lassen, und da, wo Schwierigkeiten auftraten, noch einmal optimierte Verhaltensweisen zu erarbeiten und zu üben. Zwischenzeitlich stand ich ihm regelmäßig als telefonischer Ansprechpartner zur Verfügung."

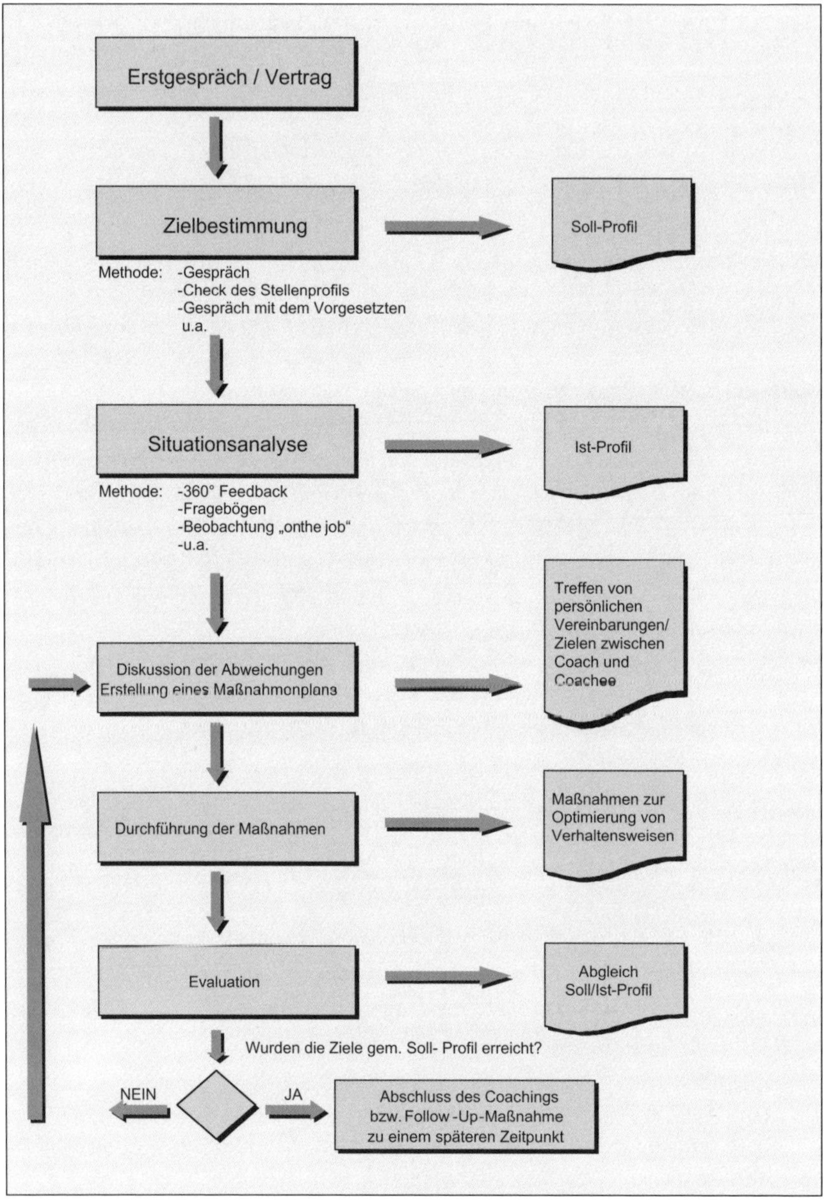

Abbildung: Schematischer Ablauf eines Coachings

Der Ablauf eines Coachings findet in fünf Schritten statt, die Ihnen im weiteren Verlauf dieses Kapitels genau beschrieben werden. Zahlreiche Checklisten sollen Ihnen dabei helfen, die einzelnen Phasen des Coachings in den Griff zu bekommen.

Achten Sie bitte darauf, dass das Coaching vor allem vom Coachee und seiner Problemstellung beeinflusst wird. Kein Coaching verläuft wie das andere. Aber natürlich lassen sich einige Elemente des Coachings auf einen Nenner bringen.

Schritt 1: Das Erstgespräch

Wenn das Coaching von einem externen Coach geführt wird, lernen sich Coach und Coachee im Erstgespräch zumeist erstmals persönlich kennen. Sie besprechen, wie das geplante Coachingprojekt gemeinsam initiiert werden soll.

Der Coachee formuliert seine Erwartungen, der Coach schildert seine Möglichkeiten und Methoden, aber auch die Grenzen des Coachings. Im Erstgespräch stellen beide Parteien fest, ob die wesentlichen Voraussetzungen für ein Coaching gegeben sind.

Darüber hinaus kann im Erstgespräch bereits ein Gespräch über die für den Coachee sehr zentralen Handlungsfelder geführt werden.

Unter anderem prüft der Coach folgende wichtige Voraussetzungen bei seinem Coachee:

- Hat sich der Coachee für das Coaching freiwillig entschieden?
- Lässt sich zwischen Coach und Coachee absolute Offenheit vereinbaren?
- Akzeptieren und vertrauen sich beide Partner?

Das Erstgespräch hat eine Schlüsselposition im gesamten Coachingprozess. Hier wird der Grundbaustein für eine vertrauensvolle Beziehung aufgebaut. Eine solche Vertrauensbasis lässt sich im Erstgespräch verlässlich dann aufbauen, wenn folgende Punkte mit dem Coachee abgesprochen werden:

> **Das Erstgespräch**
>
> - Welche Erwartungshaltung hat der Coachee und kann der Coach diesen Erwartungen gerecht werden?
> - Sind Werte und Werthaltung beider Parteien miteinander vereinbar?
> - Welche Vorstellung hat der Coachee vom Coaching. Müssen diese unter Umständen korrigiert werden (der Coach löst nicht die Probleme des Coachee)?
> - Ist das Coaching individuell auf den Coachee und seine Problemsituation zurechtgeschnitten?

Schritt 2: Die Ziele bestimmen

Nachdem die Ausgangssituation geklärt ist, kann mit dem Coachee vereinbart werden, welche Ziele erreicht werden sollen und wie im Einzelnen vorgegangen werden soll.

Ziele werden formuliert

Der Zielfindung im Coaching ist große Aufmerksamkeit zu schenken, da hier in der Praxis häufig Klärungsbedarf besteht. Zu Beginn eines Coachings haben die Klienten oft das Gefühl, diffusen Problemsituationen ausgesetzt zu sein, die es ihnen schwer machen, von sich aus die konkreten Ziele des persönlichen Veränderungsprozesses zu benennen. Und hier beginnt eine wesentliche Aufgabe des Coaches: die Komplexität der vom Coachee empfundenen Wirklichkeit auf einige wesentliche zu bearbeitende Kernthemen zu konzentrieren.

Wann immer möglich, sollte sich ein finales Ziel auf kleinere, messbare aktionale Zwischenziele stützen. Ersteres liefert sicherlich die Schlüsselmotivation, etwa innerhalb von fünf Jahren Mitglied einer Geschäftsführung zu werden. Letzteres bestimmt jedoch die einzelnen Schritte. Und mit denen beginnt letztlich jede noch so lange Reise. In Gesprächen ist es häufig ein besonders schwieriger Prozess, mit Coachees ein Ziel mit den für eine Zieldefinition notwendigen Eckdaten zu vereinbaren. Um diesen Zielvereinbarungsprozess mit dem Coachee transparenter und einfacher zu gestalten, bietet sich das SMART, PURE und CLEAR Modell an. Die Ziele sollten dessen Eigenschaften aufweisen:

S pezific (spezifisch)
M easurable (messbar)
A ttainable (erreichbar)
R ealistic (realistisch)
T ime phased (zeitlich untergliedert)

P ositivley stated (positiv formuliert)
U nderstood (verstanden)
R elevant (relevant)
E thical (moralisch)

C hallenging (herausfordernd)
L egal (legal)
E nvironmental sound (umweltverträglich)
A greed (akzeptiert)
R ecorded (protokolliert)

Der Coach muss in dem Zielvereinbarungsgespräch sicherstellen, dass die Ziele des Coachees im Idealfall die beschriebenen Eigenschaften aufweisen. Trifft dies nicht zu, müssen die Ziele gegebenenfalls umformuliert bzw. neu formuliert werden.

Auch jede einzelne Coachingsitzung sollte damit beginnen, das Ziel für diese Sitzung festzulegen. Diese Zwischenziele haben sich selbstverständlich an den übergeordneten finalen Zielen des gesamten Coachingprozesses zu orientieren.

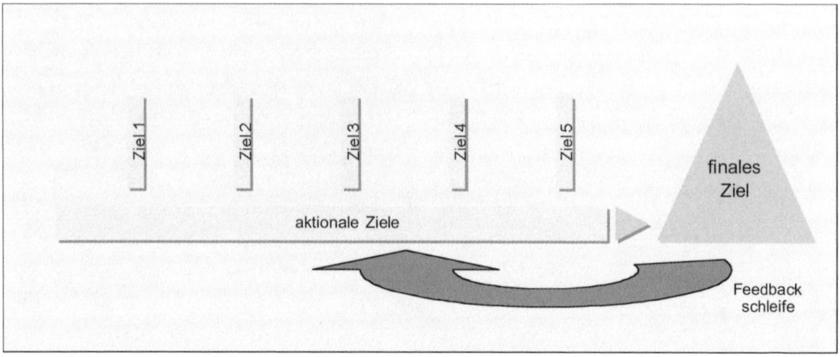

Abbildung: Die Zielbestimmung im Coaching

Mögliche Fragestellungen des Coaches können hier sein:

- Was erhoffen Sie sich von diesem Treffen?
- Wir haben uns für dieses Treffen einen Tag Zeit genommen. Was möchten Sie am Ende des Tages erreicht haben?
- Womit würde Ihnen dieses Treffen am meisten nützen?

Der Vertrag mit dem externen Coach

Haben sich bei einem externen Coaching Coach und Coachee als Ergebnis des Erstgesprächs darauf geeinigt, eine Beraterbeziehung einzugehen, wird ein formaler Dienstleistungsvertrag zwischen beiden geschlossen. Die Inhalte dieses formalen Vertrages können wie folgt gestaltet sein:

- Dauer des Coachings, Termine, Durchführungsort
- Zeitabstände zwischen den Terminen
- Personen, die am Coaching beteiligt sind
- Geheimhaltungspflicht
- Honorar und Reisekosten

In der Praxis fungieren zumeist Unternehmen als „Sponsoren", die durch ein Coaching in ihre förderungswürdigen Mitarbeiter investieren.

Schritt 3: Die Situationsanalyse

Zu Beginn der Situationsanalyse nehmen beide eine gemeinsame Analyse der momentanen Stärken und Schwächen des Coachees vor.

Hierzu stehen dem Coach eine Reihe von Möglichkeiten zur Verfügung, die für das Coaching relevanten Informationen zusammenzutragen und wesentliche Veränderungsfelder zu identifizieren. Ergebnis der Situationsanalyse ist ein Ist-Profil des Coachees, dem anschließend ein gewünschtes Soll-Profil gegenübergestellt werden kann (s. Zielformulierung).

Um ein aussagekräftiges Ist-Profil zu erstellen, können folgende Methoden eingesetzt werden:

- 360°-Feedback
- Fragebögen
- Beobachtung „on the job“
- Potenzialanalyse
- usw.

Das 360°-Feedback

Das 360°-Feedback ist eine individuelle Beurteilung von Leistung und Potenzial des Coachees von mehreren Seiten, also durch die Personengruppen, mit denen der Coachee im beruflichen Kontext interagiert: Neben Vorgesetzten, Mitarbeitern und Kollegen wird auch von externen und internen Kunden ein Feedback eingeholt und der Selbstbeurteilung des Coachees gegenübergestellt.

Diese Methode hat gegenüber konventionellen Beurteilungsverfahren erhebliche Vorteile: Vorgesetzte erleben andere Aspekte des Verhaltens einer Führungskraft als beispielsweise die Mitarbeiter. Kollegen haben z. B. einen guten Blick für methodische Kompetenzen, während externe und interne Kunden die Serviceorientierung einschätzen können.

Der Vergleich von Selbst- und Fremdbeurteilung im Rahmen eines 360°-Feedbacks liefert wertvolle Ansatzpunkte, weil auf diese Weise Differenzen und auch Übereinstimmungen zwischen der eigenen Wahrnehmung des gegenüber anderen gezeigten Verhaltens und der tatsächlichen Wirkung auf die anderen deutlich werden können. Die Umsetzung der aus den Rückmeldungen gewonnen Erkenntnisse erfolgt anschließend mit Hilfe des Coachings.

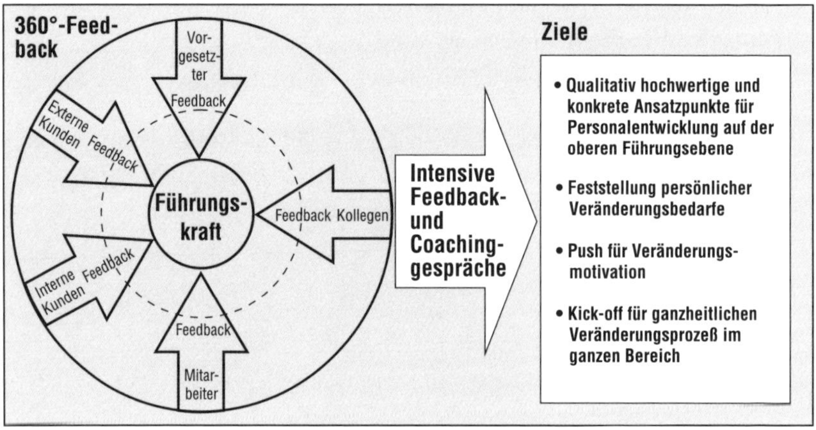

Abbildung: Zielsetzung des 360°-Feedbacks

Einsatz von Fragebögen

Zur gezielten Vorbereitung von Coaching-Maßnahmen sind auch andere fundierte Instrumente der Potenzialeinschätzung von großer Bedeutung. Erwartungsgemäß bildet die Integration möglichst vielfältiger Informationen über den Coachee stets die tragfähigste Grundlage für einen Entwicklungsprozess.

Das Prinzip standardisierter Testverfahren besteht darin, Teilnehmern eine feststehende Reihe von Aufgaben oder Aussagen vorzulegen, zu denen diese entweder eine Lösung finden oder – im Falle von Persönlichkeitsfragebögen – Stellung nehmen sollen.

Beim Coaching ist die Veränderung von Verhaltensweisen oder Einstellungen ein zentrales Ziel. Bevor konkrete Maßnahmen ergriffen werden, kann ein Persönlichkeitsfragebogen zur Standortanalyse zielführend eingesetzt werden.

Dabei können folgende Überlegungen eine Rolle spielen:

- Wenn Verhaltensbereiche bestehen, in denen die Selbstsicht des Coachees deutlich vom Fremdbild anderer Personen (z. B. zugeordneter Mitarbeiter) abweicht, kann es bereits eine wichtige Grundlage für die weitere Maßnahmenplanung darstellen, solche Abweichungen aufzudecken und anzusprechen.

- Im Rahmen von Teamcoachings können – die Bereitschaft zur Offenheit vorausgesetzt – Stärken/Schwächen-Profile eines ganzen Arbeitsteams erstellt werden. Der Abgleich der Ergebnisse kann zur weiteren Aufdeckung und Bearbeitung von Konfliktpotenzial herangezogen werden.

- Im Vorfeld von Coachings kann die Planung der Maßnahmen unterstützt werden und somit helfen, bestimmte Handlungsnotwendigkeiten herauszuarbeiten. Hier bieten die Einzelaussagen des Persönlichkeitsfragebogens eine tragfähige Grundlage zur Identifikation von Bereichen mit Optimierungspotenzial.

Bei den zuvor beschriebenen Anwendungsfeldern sollte darauf geachtet werden, dass der eingesetzte Persönlichkeitsfragebogen auch aus Teilnehmersicht möglichst stark mit den jeweiligen beruflichen Anforderungen verzahnt ist. Wenn dies gegeben ist, wird er nach bisherigen Erfahrungen als sinnvoll und persönlich deutlich nutzbringend betrachtet.

Als Beispiel soll das Auswertungsergebnis eines praxisnahen Fragebogens zur Beschreibung des Verkaufsstils dokumentiert werden. Ausgangspunkt unserer Betrachtung war das Coaching eines Verkaufsleiters.

Die Entwicklung der Kienbaum Verkaufsstil-Analyse ging von einer umfangreichen Analyse in verschiedensten Vertriebsorganisationen aus.

Dabei zeigte sich, dass sich das verkäuferische Verhalten der Vertriebsmitarbeiter anhand der folgenden Dimensionen beschreiben lässt:

- Abschlussstärke
- Verbindlichkeit
- Kontaktorientierung
- Bedarfsorientierung
- Motivation zur Außendiensttätigkeit

Mit Unterstützung der Informationen aus der Verkaufsstil-Analyse kann nun ein individuelles Coachingprogramm mit dem Coachee zusammengestellt werden, das auf die Bereiche abgestimmt ist, die gemäß der Auswertung des Fragebogens optimiert werden müssen.

Abschlussstärke

Sie ist durch ein zielorientiertes, offensives Vorgehen gekennzeichnet. Dazu zählt etwa, sich vor einem Verkaufsgespräch eigene Ziele zu setzen und ein „taktisches" Vorgehen darauf abzustimmen. Abschlussstärke zeigt sich ebenso über Beharrlichkeit und Ausdauer, indem z. B. eine besonders schwierige Verhandlung nicht aufgegeben, sondern eher als Anreiz und Herausforderung wahrgenommen wird.

Verbindlichkeit

Hierzu zählen vor allem Glaubwürdigkeit und Zuverlässigkeit, also z. B. der nachhaltige Einsatz für Kunden, wenn diesen bestimmte Zusagen gemacht wurden. Ein ausgeprägt verbindliches Verkaufsverhalten ist durch eine große Sorgfalt und Genauigkeit im Umgang mit Kunden gekennzeichnet. Dies kann bedeuten, dass auf eine besonders hohe Anzahl von Abschlüssen verzichtet wird, wenn dadurch die Qualität der eigenen Arbeit insgesamt stark beeinträchtigt würde.

Kontaktfreude

Eine kontaktfreudige Person zeichnet sich zunächst dadurch aus, dass es ihr keinerlei Probleme bereitet, auf andere, sogar völlig fremde Menschen zuzugehen und mit diesen ins Gespräch zu kommen. Im eigenen Verhalten sind kontaktfreudige Personen dabei sehr flexibel und werden von anderen oft als ausgesprochen sympathisch erlebt. Im Verkaufsverhalten zeigt sich Kontaktfreude darin, dass ein Kundengespräch auch auf einer persönlichen Ebene verläuft und nicht rein sachlich und neutral bleibt. Dazu gehört, zunächst die Bedürfnisse des Kunden kennenzulernen und das eigene Verhalten dann darauf abzustimmen.

Bedarfsorientierung

Eine ausgeprägte Bedarfsorientierung gründet sich auf ein starkes Einfühlungsvermögen und eine hohe Kundenorientierung. In einem Verkaufsgespräch zeigt sich dies in einem guten Gespür für die tatsächlichen Bedürfnisse der Kunden und dem Wunsch, deren Bedarf zu treffen und sie zufrieden zu stellen. Ein Abschluss „um jeden Preis“ steht dabei nicht im Vordergrund.

Motivation zur Außendiensttätigkeit

Maßgeblich ist der Grad der von außen, etwa durch Incentives, entstehenden Motivation (extrinsisch) im Vergleich zur Selbstmotivation (intrinsisch).

Bei dem Kienbaum Management-Fragebogen (KMF) handelt es sich um einen Persönlichkeitsfragebogen, der klassische Coachingthemen beleuchtet. Das erstellte Profil dient der Beurteilung des Coachees hinsichtlich seines zwischenmenschlichen Verhaltens im Unternehmen in Bezug auf seine Führungsrolle und die individuelle Herangehensweise an Aufgaben und Probleme, die mit seiner Position verbunden sind.

Der Coachee erhält ein dazugehöriges Kurzgutachten, welches eine inhaltliche Interpretation der Skalen Führungsmotivation, Handlungsorientierung, Flexibilität, Kontaktstärke, Empfindsamkeit, Kooperations- und Konfliktbereitschaft, Offenheit, Gewissenhaftigkeit und Einfühlungsvermögen liefert.

In dieser Skala wird das **Selbstbild** des Coachees, vermittelt durch die individuelle Art der Beantwortung, in zusammengefasster Form wiedergegeben. Es bildet in Verbindung mit einem schriftlichen Gutachten und dem mündlichen Feedback des Coaches die Ausgangsbasis für weitere Veränderungsprozesse.

Die Abbildung zeigt in einem Ergebnisprofil die einzelnen Bestandteile der fünf Dimensionen. Je stärker die Ausformung einer Dimension ist, desto weiter rechts angesiedelt ist der Ergebnispunkt.

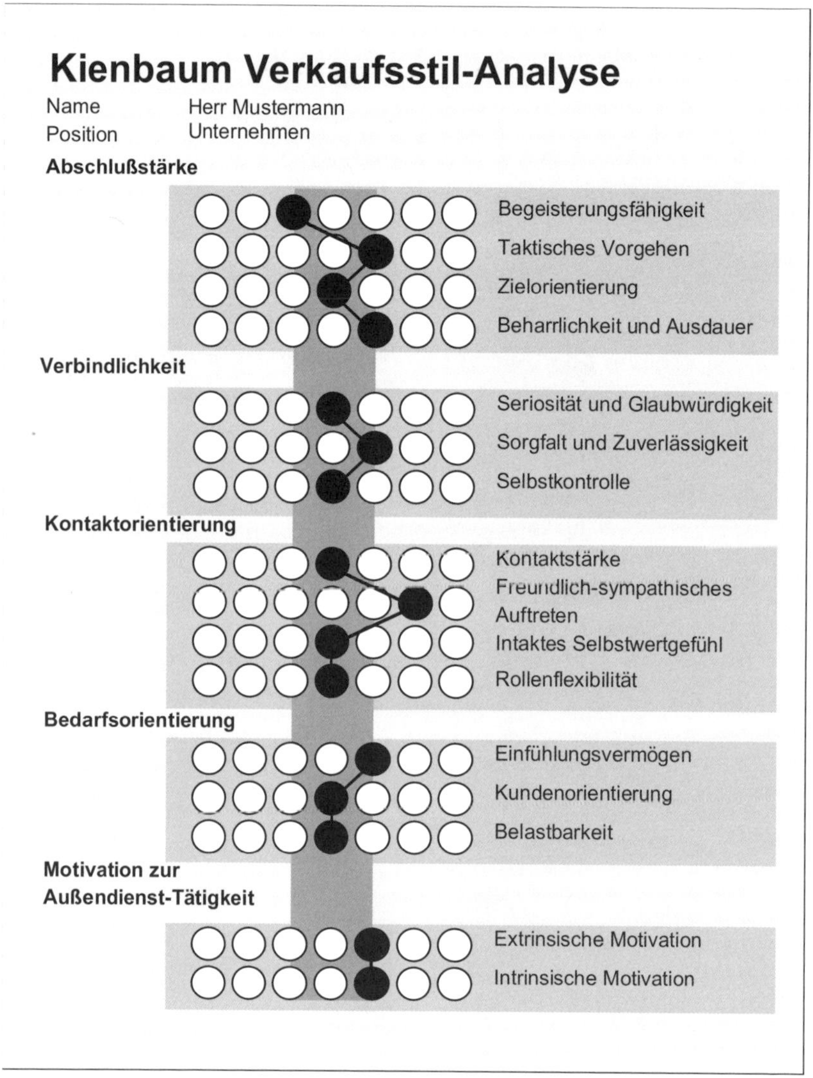

Abbildung: Kienbaum Verkaufsstil Analyse

Die nachstehende Abbildung gibt ein Muster des Ergebnisprofils des Kienbaum Management-Fragebogens wieder. Im Anschluss werden dann die einzelnen Dimensionen genauer erläutert.

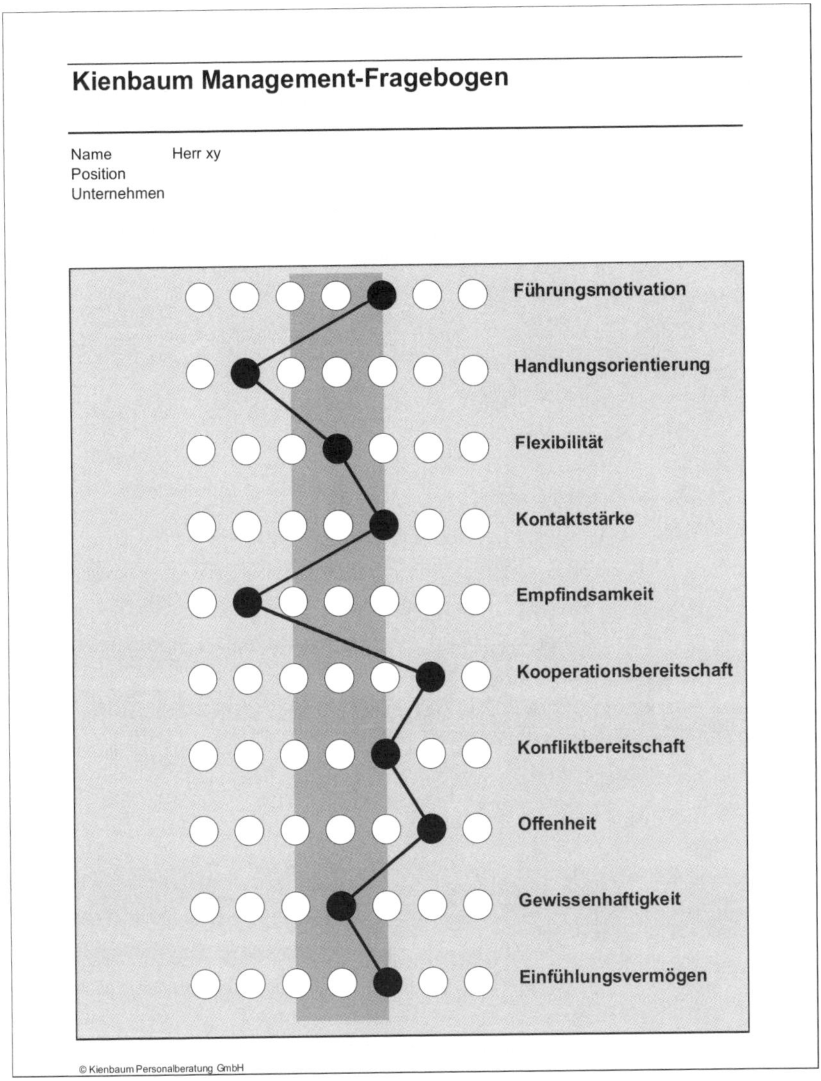

Abbildung: Kienbaum Management-Fragebogen

Den kompletten Fragebogen können Sie auf der Homepage der Kienbaum Unternehmensberatung einsehen: http://www.kienbaum.de

Führungsmotivation

Hohe Werte auf dieser Dimension weisen auf eine großes Interesse an Führungsaufgaben hin. Damit geht ein hohes Selbstbewusstsein einher. Vor großen Versammlungen zu sprechen, im Mittelpunkt zu stehen und eine Hauptrolle zu spielen werden genossen und derartige Situationen werden aktiv aufgesucht. Der Wille, sehr gute Leistungen zu zeigen und anderen überlegen zu sein, ist überdurchschnittlich ausgeprägt. In Gruppen wird schnell eine Führungsrolle angestrebt und die Gesprächsführung ergriffen. Die berufliche Karriere wird mit Ehrgeiz verfolgt, dabei sind Status und Prestige wichtige Anreize für überdurchschnittliche Leistungen. Extrem hohe Werte können auf ein sehr dominantes Verhalten hinweisen. Sehr niedrige Werte sind ein Warnsignal für geringe Führungsmotivation und starke Zurückhaltung in vielen sozialen Situationen.

Handlungsorientierung

Mit dieser Skala wird erfasst, inwieweit jemand sich rasch und ohne langwieriges Abwägen den Problemen stellt. Hohe Werte repräsentieren den Typ des „Machers", dem schnelles Zupacken mehr liegt als ausführliche Vorbereitungen. Menschen, die vieles abwägen und oftmals unsicher und zweifelnd sind, werden von ihm nicht geschätzt. Er mag keine Vorschriften und bürokratischen Regelungen, sondern hat ein starkes Bedürfnis nach Unabhängigkeit in seiner Arbeit. Routinearbeiten sind eher langweilig und leistungshemmend für ihn.

Flexibilität

Menschen, die hohe Werte auf dieser Skala zeigen, schätzen Abwechslungsreichtum in der Arbeit. Häufige Wechsel und unvorhergesehene Ereignisse machen ihnen nichts aus, eine geordnete und planmäßige Lebensweise ist nicht ihr Ziel. Sie betonen, ihren eigenen Weg zu gehen und dabei anerkannte Regeln zu verlassen und feste Prinzipien zu hinterfragen. Es stört sie nicht, wenn für ihre Position nicht für alle Eventualitäten eindeutige Regeln und Arbeitsanweisungen existieren, sondern sie schätzen einen hohen Gestaltungsspielraum. Veränderungen werden begrüßt und als Chance zur Weiterentwicklung gesehen.

Kontaktstärke

Mit dieser Dimension wird gemessen, wie gut jemand soziale Kontakte eingehen und aufrechterhalten kann. Wer auf dieser Skala hohe Werte hat, verfügt in der Regel über einen großen Bekanntenkreis und gesellige Hobbys. Geschäftliche Kontakte und die Kontakte mit Arbeitskollegen werden durch private Zusammenkünfte ergänzt.

Empfindsamkeit

Personen, die auf dieser Skala hohe Werte erzielen, sind emotional relativ leicht störbar. Persönliche Angriffe werden sehr zu Herzen genommen, Kritik wirkt leicht entmutigend für sie. Sie reagieren sehr sensibel, wenn sie feststellen, dass hinter ihrem Rücken über sie geredet wird oder wenn sie bemerken, dass sie die Missbilligung anderer auf sich ziehen. Wenn eine Aufgabe scheitert, dauert es relativ lange, bis sie sich damit abfinden und mit voller Konzentration ein neues Projekt beginnen können.

Kooperationsbereitschaft

Hohe Werte auf dieser Skala weisen auf einen Menschen hin, der gerne im Team arbeitet und Gruppenergebnisse höher als Einzelergebnisse bewertet. Bei Entscheidungen fragt er bereitwillig andere um Rat und schätzt die Diskussion mit anderen über ein Problem. Er ist der Ansicht, dass eine Gruppe viele Probleme effizienter lösen kann als ein Einzelkämpfer, und ist dabei bereit, Kompromisse einzugehen. Probleme werden nicht impulsiv und spontan gelöst, sondern in der Gruppe bearbeitet.

Konfliktbereitschaft

Mit dieser Skala wird erfasst, inwieweit jemand bereit ist, Entscheidungen auch gegen Widerstände durchzusetzen. Dabei wird in Kauf genommen, dass durch die Entscheidungen andere Personen in Verlegenheit gebracht werden können oder andere in ihrer Entscheidungsfreiheit eingeschränkt werden. Notwendige Entscheidungen werden gefällt und nicht aufgeschoben.

Offenheit

Wer auf dieser Dimension hohe Werte erbringt, ist in seinen Handlungen gegenüber Kollegen und Vorgesetzten offen und aufrichtig. Bekanntschaften werden nicht nur danach ausgesucht, was sie für das Fortkommen nützen, und es werden nicht nur solche Kontakte gepflegt, die der Karriere dienen. Der wahre Grund der Handlungen wird nicht aus taktischen Erwägungen verschleiert. Genauso wenig wird mit Notlügen und dem Spielen mit verdeckten Karten stets der eigene Vorteil gesucht.

Gewissenhaftigkeit

Hohe Werte auf dieser Dimension weisen auf einen Menschen hin, der seine Aufgaben und Vereinbarungen mit großer Zuverlässigkeit erfüllt. Komplexe und Geduld fordernde Aufgaben werden gewissenhaft bearbeitet, wobei eine Vorliebe für langfristige Planungsaufgaben besteht. Es ist störend, wenn etwas unerledigt liegen bleiben muss. Das Leben und die Arbeit werden über einen längeren Zeitraum hin geplant. Eine einmal begonnene Tätigkeit wird von diesen Menschen nur sehr ungern wieder unterbrochen. Insgesamt sind diese Personen sehr genau, korrekt und ordentlich.

Einfühlungsvermögen

Personen, die auf dieser Skala hohe Werte erzielen, können sich sehr gut in die Situation von anderen Menschen hineindenken. Sie bemerken relativ rasch, wenn jemand in ihrem Umfeld sich nicht wohl fühlt, Stimmungsveränderungen werden sofort wahrgenommen.

Beobachtung „on the job“

Der Coach begleitet seinen Coachee durch gemeinsam selektierte Situationen „on the job“ und beobachtet sein Verhalten anhand eines strukturierten Feedback-Bogens. Gegenstand der Beobachtungen sind Situationen, die individuell als herausfordernd erlebt werden und in denen eine persönliche Spiegelung als Hilfe zur Verhaltensverbesserung gewünscht wird. In Absprache mit dem Coachee könnten etwa verschiedene Gesprächssituationen wie z. B. Beurteilungsgespräche, Kritikgespräche mit Mitarbeitern, Reklamationsgespräche, Verkaufsgespräche oder Gespräche mit Vorgesetzten beobachtet werden.

Die Beobachtungsergebnisse des Coachingtages „on the job" können in einem Gutachten zusammengefasst werden. Das Gutachten kann, ebenso wie die oben beschriebenen weiteren Instrumente, bei der anschließenden Erstellung des Maßnahmenplans der Ausgangspunkt für individuelle Verhaltensoptimierungen sein. Coach und Coachee erarbeiten z. B. hierauf gestützt Gesprächstechniken und Verhaltensweisen, mit deren Unterstützung entsprechende Gesprächssituationen zukünftig erfolgreicher durchgeführt werden können.

„In der zurückliegenden Beratungspraxis", erzählt Hanke, „haben wir eine Vielzahl von Kriterien zusammengestellt, die wir bei einem Coachee beobachten können, während wir mit ihm am Arbeitsplatz sind. Ich möchte Ihnen hierzu einen Beratungsbogen zeigen.

Gesprächsführung

	1	2	3	4	5	6	7
• verdeutlicht Zielsetzung zu Beginn des Gesprächs						X	
• fragt zunächst nach Meinungen und Fakten (oder stellt diese dar), läßt danach erst Bewertungen und Lösungen zu						X	
• läßt die Gesprächspartner ausreden						X	
• keine langen Monologe							X
• im Gesamtauftreten ruhig, souverän (nicht hektisch oder nervös)				X			
• ist in der Lage, ARD (alle reden drumherum) in ZDF (Zahlen, Daten, Fakten) Gespräche zu wenden				X			
• führt das Gespräch durch offene Fragen						X	
• läßt sich die Gesprächsführung nicht aus der Hand nehmen					X		
• sorgt für Gesprächsübersicht und -struktur (z. B. durch Zusammenfassungen)				X			
• verbleibt am Ende des Gesprächs verbindlich (Wer? Was? Bis wann?)				X			

Sehr souverän im Gesamtverhalten/ authentische Wirkung seinen Gesprächspartnern gegenüber,

Verbindlichkeit kann gesteigert werden durch schriftliche Vereinbarung

BEISPIEL

Abschlußbeurteilung:

Sonstige Bemerkungen:

Abbildung: Beobachtungsbogen

Mit diesen Ergebnissen geben wir ihm im Anschluss an die Beobachtungen ‚on the job' eine strukturierte Rückmeldung. Ich zeige Ihnen nun einen weiteren Beobachtungsbogen, den ich für einen Coachee individuell zusammengestellt habe. Schließlich erleichtern Ihnen die Beobachtungsbögen das anschließende Feedbackgespräch, da Sie konkrete Anhaltspunkte und Begründungen für Ihre Rückmeldungen haben. Nun können Sie das Feedbackgespräch klar verhaltensorientiert führen."

BEISPIEL

Kooperations- und Konfliktverhalten	1	2	3	4	5	6	7	**Bemerkungen und Tips**
• hält ausreichend und gut abgestimmten Blickkontakt							X	
• versucht, die Absichten und Gedankengänge des Gegenübers zu erkennen					X			
• läßt dem Gesprächspartner ausreichend Raum, seine Meinung zu äußern						X		*Läßt die Vorschläge von den Mitarbeitern erarbeiten*
• argumentiert sachbezogen, keinesfalls persönlich angreifend								*Kaum beobachtet*
• kann emotional schwierige Situationen entschärfen					X			
• bringt dem Gesprächspartner Wertschätzung entgegen							X	

Abschlußbeurteilung:

Sonstige Bemerkungen:

Abbildung: Erweiterter Beobachtungsbogen

Wie erreicht der Coachee seine Ziele?

Nach der Auswertung der Situationsanalyse liegt ein Ist-Profil vor, das mit dem gewünschten Soll-Profil verglichen wird. Die Abweichungen bilden schließlich die Grundlage für den individuellen Maßnahmenplan für den Coachee.

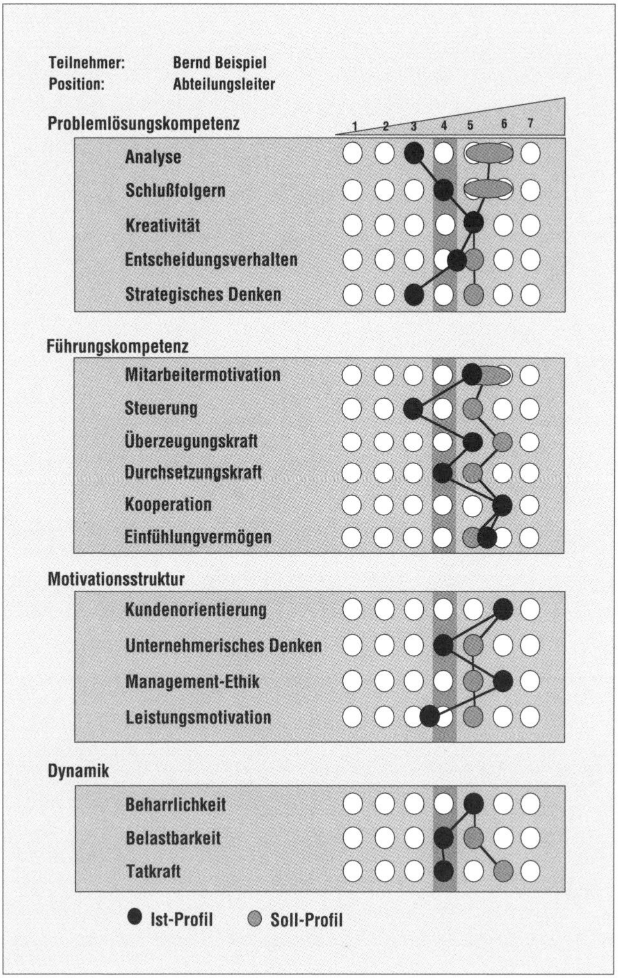

Abbildung: Abgleich des Ist-Profils mit dem Soll-Profil

Die vorstehende Grafik stellt einen solchen Abgleich des Ist-Profils (dunkle Punkte) mit dem Soll-Profil (helle Punkte) dar. Die Verhaltensdimensionen des Profils wurden auf Grundlage der mit einem Coachee definierten Kern-Erfolgsfaktoren für eine spezifische Position im mittleren Management definiert.

Ablauf und Inhalte des Coachings werden nun mit dem Coachee abgesprochen und in einem Maßnahmenplan zusammengestellt.

Hinsichtlich der Umsetzung steht dem Coach neben den Coachinggesprächen ein umfangreiches Repertoire an Maßnahmen zur Optimierung entsprechender Verhaltensweisen zur Verfügung:

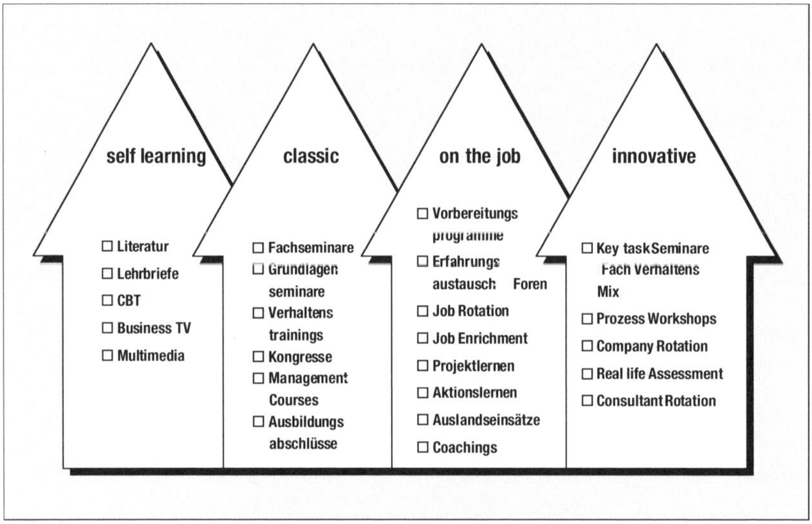

Abbildung: Maßnahmen zur Optimierung von Verhaltensweisen

Neben den oben bezeichneten Maßnahmen steht das Problemlösegespräch im Mittelpunkt. Als roter Faden für das Coachinggespräch bietet sich das GROW-Modell an.

Das GROW-Modell

Das GROW-Modell ist ein Werkzeug, mit dessen Unterstützung die Gespräche in Einzel- und Teamcoachings konkret gestaltet werden können.

Es besteht aus vier Richtlinien, die nacheinander in den Sitzungen berücksichtigt werden sollen:

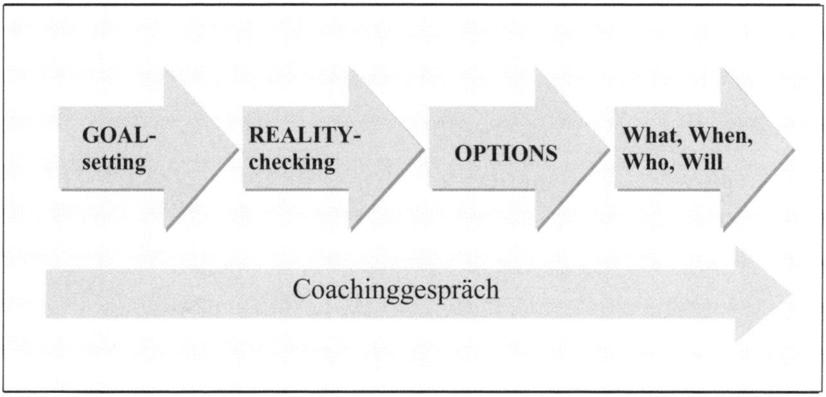

Abbildung: Das GROW-Modell

GOALSETTING

Das Coachinggespräch beginnt mit der Definition des Ziels für diesen Gesprächstermin. Wichtig ist, dass das Erreichen der Ziele, die in diesem Schritt festgelegt werden, vom Coachee auch wirklich selbst beeinflusst werden kann.

REALITYCHECKING

Hier geht es um die Frage: „Wo steht der Coachee heute?“ Nachdem Coach und Coachee das Ziel definiert haben, wird nun die derzeitige Situation analysiert. Diese Phase ist für den Coachee nicht einfach, gilt es doch, offen über persönliche Probleme, Misserfolge oder Fehler zu sprechen. Der Coach darf die Ausführungen seines Coachees nicht bewerten. Ziel ist es, ein möglichst unvoreingenommenes und beschreibendes Feedback zu geben. An dieser Stelle zeigt sich, wie wichtig es ist, zu Beginn des Coachingprozesses eine solide Vertrauensbasis aufgebaut zu haben.

„In einer Sitzung", erzählt Hanke, „berichtete mir ein Coachee, dass er sich vorgenommen habe, sein Kommunikationsverhalten drastisch zu verändern. Er eckte häufig an. Das führte mittlerweile dazu, dass man ihn mied und er von vielen Prozessen in seinem Unternehmen ausgeschlossen wurde.

Nachdem ich mit ihm das Ziel für diesen Gesprächstermin vereinbart hatte, stellte ich ihm die Frage, was er bisher in dieser Sache unternommen habe. Im Anschluss fragte ich ihn, was dabei herausgekommen sei.

Dies sind zwei typische Fragen im Zuge des REALITYcheckings. Solche Fragen betonen den Wert zwischen Handeln und Nachdenken über aktuelle Probleme. Ich habe Menschen kennen gelernt, die jahrelang über Probleme gegrübelt haben, aber erst, nachdem sie gefragt wurden, was sie denn bisher getan hätten, um das Problem zu lösen, erkannt haben, dass sie eigentlich kaum daran gearbeitet haben."

OPTIONS

In dieser Phase des Coachinggesprächs geht es darum, Optionen und alternative Handlungsstrategien zu finden. Die zentrale Frage lautet: „Welche Wege gibt es, das Ziel zu erreichen, und wie gehe ich den Weg?"

Es können ruhig mehrere Alternativen entwickelt werden, die nicht immer absolut realitätsnah bzw. durchführbar sein müssen. Der Coach sollte hier noch nicht gleich eigene Ideen in das Gespräch einbringen. Seine primäre Aufgabe liegt darin, eine angstfreie Arbeitsatmosphäre zu schaffen und den Coachee dazu zu verleiten, eventuelle Scheuklappen abzulegen, die seine Handlungsalternativen einschränken würden.

Negative und einschränkende Annahmen (das geht nicht, das ist unrealistisch etc.) werden so beseitigt. Der Coach begleitet den Coachee auf seinem Weg, Lösungsalternativen zu entwickeln. Auch hier bietet es sich an, die erarbeiteten Handlungsoptionen schriftlich festzuhalten und anschließend als Ausgangsbasis für die folgende Phase zu nutzen.

WHAT, WHEN, WHO, WILL

In dieser Phase fällt die Entscheidung: „Was genau ist zu tun, um das Ziel zu erreichen?" Die Schritte, die nötig sind, werden in einem umfassenden Arbeitsplan für den Coachee zusammengestellt. Der Coachee behält dabei stets die Wahlfreiheit bezüglich einzuleitender Veränderungen.

Ein solches zwischen Coach und Coachee entwickeltes Arbeitsblatt ist hier dargestellt. In ihm werden die Informationen zusammengetragen, die für den Verhaltensänderungsprozess relevant sind.

Persönliche Vereinbarungen / Ziele

Name des Coachees: **Dr. Hans Muster** Coaching-Ort: **Bremen** Datum: **12.3.00**

Thema	Ziel	Maßnahme	Involvierte Personen	Zeitraum	abzuschließen bis ...	Kontrolle durch wen?
Arbeitsentlastung und Zeit für wesentliche Aufgaben	Klassifizieren der täglichen Arbeit in A, B und C Aufgaben und Delegation der B und C-Aufgaben an Mitarbeitern	Auflistung aller Aufgaben und Tätigkeiten und Klassifizierung dieser Führen eines Gespräches mit den betroffenen Mitarbeitern	Sekretariat Frau Meier Abteilungs-Leiter 1 und 2	sofort	fortlaufend	Selbst und Coach bis 12.4.2000

Abbildung: Ein Arbeitsblatt

Ist der Coachingprozess beendet, übergibt der Coach alle Aufzeichnungen an den Coachee. In dem Abschlussgespräch – und vor allem mit der Übergabe aller Aufzeichnungen – soll dem Coachee mit Nachdruck deutlich gemacht werden, dass er seine Ziele selbst umsetzen muss und selbstbewusst genug ist, sein Ziel erreichen zu können.

Die folgende Checkliste fasst die Leitfragen zur Erarbeitung eines Arbeitsplanes zusammen:

Leitfragen für die Erarbeitung eines Arbeitsplans

- Was konkret werden Sie tun, um das Ziel zu erreichen?
- Wann beginnen Sie mit der Umsetzung des Arbeitsplans und wann wird sie beendet sein?
- Sind die geplanten Schritte die richtigen, um das Ziel zu erreichen?
- Mit welchen Widerständen müssen Sie rechnen?
- Wen müssen Sie von Ihrem Vorhaben informieren?
- Welche Unterstützung brauchen Sie bei der Umsetzung Ihres Handlungsplans? Wie und Wann werden Sie sie erhalten?
- Welche anderen Pläne müssen mit dem neuen Handlungsplan synchronisiert werden?
- Wie sicher sind Sie, dass Sie den vereinbarten Handlungsplan auch ausführen werden? Bewerten Sie Ihre Entschlossenheit auf einer Skala von eins bis zehn.

Schritt 4: Den Erfolg bewerten

Im Prozess der Evaluation werden die erreichten Ergebnisse von den Beteiligten des Coachingprozesses bewertet. Eine erfolgreiche Bewertung ist abhängig von einer konsequenten Arbeit in der Phase der Zielerreichung. Die Bewertungskriterien setzen sich aus den individuellen Zielen zusammen, die im Zuge der Zielbestimmung formuliert und protokolliert worden sind. Sind die Ziele klar messbar formuliert, sollte die Evaluation leichter fallen.

Auch in diesem Schritt kann der Coach die Methoden der Situationsanalyse einsetzen. Das im Rahmen der Zielbestimmung für das Coaching erarbeitete Soll-Profil wird herangezogen und es wird geprüft, inwiefern die geplanten Verhaltensmodifikationen umgesetzt wurden. Sind Abweichungen zu erkennen, können Coach und Coachee gezielt an den noch offenen Themen arbeiten.

Die Praxis zeigt, dass oftmals Ziele vereinbart werden, die einer subjektiven Wahrnehmung unterliegen. Hier entscheidet letztlich die persönliche Zufriedenheit des Coachees.

Schritt 5: Der Abschluss des Coachings

Sind die vereinbarten Ziele erreicht, kann das Coaching beendet werden. Sind sie es nicht, sollte zum Schritt „Wie erreicht der Coachee seine Ziele?“ zurückgekehrt werden. Möglicherweise ergeben sich aber auch neue Ziele, die einen weiteren Coachingprozess initiieren.

Für den Abschluss des Coachingprozesses sollte ein separates Treffen vereinbart werden. In diesem Abschlussgespräch wird der Verlauf des gesamten Prozesses besprochen und erreichte Veränderungen werden reflektiert.

Zur Transfersicherung kann der Coachee am Ende des Coachings einen individuellen Transfervertrag mit sich selbst abschließen, in dem er festhält, welche Maßnahmen und Veränderungen er wann und wie durchführen will. Weiterhin erhält er ein Handout mit allen eingesetzten Beurteilungsbögen und einem detaillierten Reporting des Coachingprozesses.

Mit dem Abschluss des Coachings ist die Rollenbeziehung Coach und Coachee offiziell beendet. Der Coachee übernimmt von nun an die Eigenverantwortung für sein Tun und Handeln.

Vertrag „mit sich selbst“

NOTIZEN **Seminar:** ______________ **am:** ______________ **in:** ______________

1. Allgemein wichtige Methoden und Ratschläge	2. Wichtige Methoden und Ratschläge für mich	3. Von mir durchzuführende Maßnahmen

Zehn neue Ideen sind gut, eine neue angwandte ist besser!

4. Auswertung: Wie? Wann? Mit wem besprochen?	5. Durchgeführt: Wann?	6. Ergebnisse, weitere Maßnahmen

Abbildung: Vertrag mit sich selbst

Was brauchen Sie zum Coaching?

Bereitet man sich auf ein Coaching vor, stellt sich schnell die Frage, welche Instrumente oder Modelle herangezogen werden können, um den Vorgang erfolgreich zu gestalten. Genauso wichtig ist, wie man am schnellsten eine vertrauensvolle Beziehung zu seinem Coachee aufbauen kann. In diesem Kapitel werden Ihnen die Werkzeuge vorgestellt, die ein Coaching zum Erfolg führen.

Erfolgsrezept für Ihr Coaching

Das Erfolgsrezept für Ihr Coaching ist ein ganzheitliches Coachingkonzept, das sich aus dem komplementären Zusammenspiel der folgenden drei Komponenten ergibt.

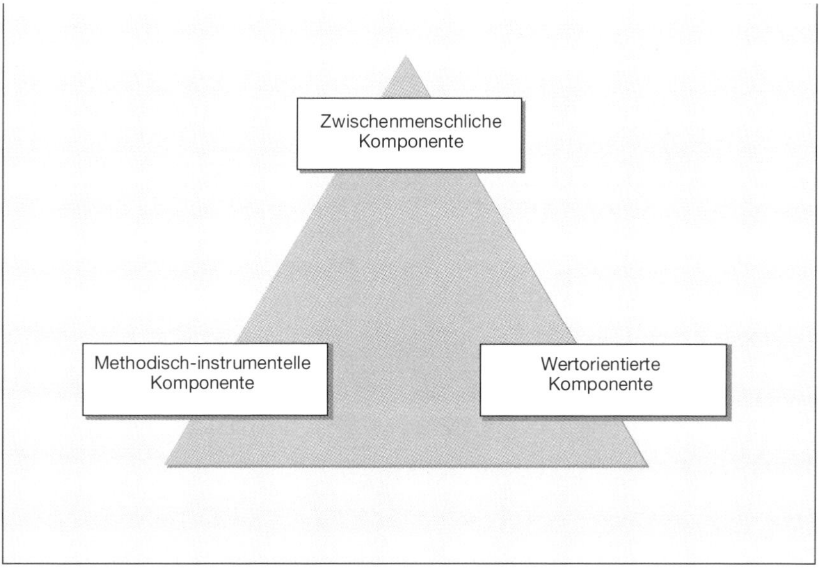

Abbildung: Die drei Komponenten für ein erfolgreiches Coaching

Zwischenmenschliche Komponente

Bei dieser Komponente geht es um die Beziehung zwischen Coachee und Coach. Die soziale Kompetenz des Coaches, also seine positiv-optimistische Einstellung zu seinem Gegenüber, seine Bereitschaft, auf den Gesprächspartner einzugehen und die Entwicklung seiner Beziehung zum Coachee, können das Coaching zum Erfolg oder zum Scheitern bringen. Die folgenden Punkte sollten Sie beachten:

- Stellen Sie eine Beziehung zum Coachee her und gehen Sie auf seine Bedürfnisse ein.
- Überprüfen Sie die Beziehung zum Coachee: Wo gibt es Übereinstimmungen, wo treten Widersprüche auf?
- Senden Sie nonverbale Kommunikationssignale (offene Sitzhaltung, Blick, Gestik).

Methodisch-instrumentelle Komponente

Die methodische Komponente des Coachings liegt in dem Einsatz geeigneter Methoden und Instrumente, um zu Entwicklungsschritten und Problemlösungen zu kommen. So dient z. B. das Modell der Transaktionsanalyse aus dem Werkzeugkasten eines Coaches dazu, dem Coachee eigene Kommunikationsmuster zu erkennen zu geben und Beziehungen zukünftig produktiver zu gestalten.

Der methodische Ansatz des Coachings bietet u. a. folgende Möglichkeiten:

- Setzen Sie Fragebögen zur Selbstdiagnose ein.
- Stellen Sie offene Fragen zur Anregung eigener Lösungspotenziale.
- Zeigen Sie Visionen auf: Wo will ich hin?
- Bieten Sie Problemlösungsprozesse oder Ablaufkonzepte an.

Werteorientierte Komponente

Bei der dritten Komponente handelt es sich um den werteorientierten Ansatz des Coachings. Dieser Ansatz betrifft jedoch nicht nur den Coach, sondern auch seinen Sparringspartner, den Coachee.

Es ist beiden bewusst, dass sie über konstruierte Wirklichkeiten des Alltags sprechen. Diese wirken auf jeden Menschen verschieden. Die einheitliche Realität ist Fiktion. Der Scheinobjektivität unserer Wahrnehmungen wird eine Absage erteilt. Selbst der erfahrenste Coach kann Irrtümern unterliegen.

Aufgabe des Coaches ist es u. a., den Bezugsrahmen des Coachees zu erweitern und ihm neue Wahrnehmungsweisen zu vermitteln. Erst auf dieser Grundlage können bisher unbekannte Verhaltensweisen trainiert werden. Dabei geht es nicht um die Selbstverwirklichung des Coaches. Alles geschieht innerhalb der vom Coachee definierten Grenzen.

Erst bei der Berücksichtigung aller drei oben genannten Komponenten wird ein ganzheitlicher Ansatz des Coachens erreicht. Die Beziehungsebene zwischen Coach und Coachee stimmt, mit dem Coachee werden Instrumente und Methoden zur Problemlösung entwickelt und werteorientierte Seiten der Beziehung finden Berücksichtigung.

Kennzeichen eines erfolgreichen Coachings

In der Fachpresse ist zu verfolgen, dass sich das Coaching in den letzten Jahren in Unternehmen mehr und mehr etabliert hat. Was hat dazu beigetragen, dass Coachings mit solch einem positiven Image behaftet sind und Berührungsängste mit Coaches kaum mehr vorhanden sind? Früher scheuten sich Führungskräfte bisweilen noch davor, sich zum „Gecoachtwerden" zu bekennen – während heute die Haltung überwiegt: „Ich bin es dem Unternehmen wert, gecoacht zu werden. In mich wird investiert!" Der Grund liegt in dem zunehmenden Bewusstsein darüber, dass eine persönliche Weiterentwicklung nötig ist. Der allseits beschworene Wandel erfordert, dass unsere Leistungsfähigkeit und -bereitschaft laufend angepasst wird.

Unternehmen und Coachees nennen immer wieder fünf Aspekte, warum sie sich für ein Coaching entscheiden:

- Exklusivität
- Passgenauigkeit

- Leistungsbezogenheit
- Kreativität
- Erfolgsorientierung

Die Verwirklichung dieser fünf Aspekte ist charakteristisch für ein erfolgreiches Coaching.

Exklusivität

Am Coachingprozess sind nur der Coach und der Coachee beteiligt. Es ist kein Dritter anwesend. Der Coach kann sich ganz auf den Coachee und sein Anliegen konzentrieren. So kann sehr effektiv und mit einem vergleichsweise geringen Zeitansatz an der Lösung einer konkreten Fragestellung gearbeitet werden.

Passgenauigkeit

Während des Coachingprozesses lebt der Coach in der Welt seines Coachees. Er konzentriert sein Wissen und seine Erfahrungen auf diese eine Situation. Er stellt sich vollkommen auf die Bedürfnisse, Ziele und Fragen seines Coachees ein und hat darüber hinaus die spezifischen Rahmenbedingungen der Unternehmensumgebung im Kopf.

Leistungsbezogenheit

Der Coachee kann, sofern er es wünscht, im Coaching gefordert werden, auch an seiner Persönlichkeit und Motivation (unterste Pyramidenstufe) zu arbeiten. Dabei muss er das im Prozess Erreichte ständig mit den ursprünglichen Zielen abgleichen. Das Coaching stellt für ihn somit eine Herausforderung dar, die bisherige „Komfortzone" zu verlassen und neue Verhaltensweisen zu wagen.

Kreativität

Die Lösung neuer Aufgaben und Probleme stellt hohe Anforderungen an die Kreativität des Coachees. Der Coach ist auf Kreativität eingestellt und versucht, diese beim Coachee zu wecken und zu verstärken.

Erfolgsorientierung

Das Coaching hört nicht bei einer gedanklichen Problemlösung oder Entscheidungsfindung auf – es erstreckt sich auch auf die Umsetzung, den so genannten Praxistransfer. Es sollen sichtbare Erfolge des Coachees erreicht werden. Initiative und Handlungsfähigkeit stehen auf dem Prüfstand.

„Bei der Komplexität des Themas Coaching," reflektiert Marc-Phillip, „sind wahrscheinlich sehr hohe Anforderungen an einen Coach zu stellen. Mike, gibt es das Idealbild eines Coaches bzw. welche Voraussetzungen muss er mitbringen?"

Das kennzeichnet einen guten Coach

„In meinen Seminaren ‚How to be a business coach' bitte ich meine Seminarteilnehmer aufzuschreiben, was die Eigenschaften des idealen Coaches sind", erzählt Mike Hanke dem Trainee Marc-Phillip. „Dabei werden immer wieder folgende Eigenschaften von den Teilnehmern genannt: geduldig, objektiv, unterstützend, interessiert, erkennend, selbstreflektierend, aufmerksam und zurückhaltend. Weiterhin werden als Eigenschaften genannt: Wissen und persönliche Erfahrungen.

Aus den Antworten, die mit meinen Erfahrungen übereinstimmen, entwickelte ich ein systematisches Anforderungsprofil an einen guten Coach, das von fachlichen und persönlichen Kompetenzen geprägt wird. Gerne erzähle ich Ihnen mehr über das Anforderungsprofil an einen guten Coach."

Die **fachlichen Kompetenzen** umfassen psychologische und betriebswirtschaftliche Qualifikationen.

Obwohl Eigenschaften, die dem Bereich der **persönlichen Kompetenz** zuzuordnen sind, zu einem großen Teil auf Lebenserfahrung basieren, kann sich der Coach die wichtigsten Voraussetzungen, die ihn zu einem erfolgreichen Coaching befähigen, bis zu einem hohen Grad gezielt aneignen. Detailliert gibt das folgende Kapitel „Erfolg durch emotionale Intelligenz" darüber Auskunft.

Eine zentrale Voraussetzung für ein gelungenes Coaching sind gegenseitige Akzeptanz und Vertrauen seitens des Coaches und des Coachees.

Dies wiederum hängt vor allem davon ab, inwieweit der Coach über die folgenden Kompetenzen verfügt:

Kompetenzen des Coaches

Fachkompetenz

- Permanente Weiterbildung
- Mehrjährige umfassende Beratungserfahrung

Verhaltenskompetenz

- Fähigkeit zur realistischen Selbsteinschätzung
- Eigene Führungserfahrung
- Fähigkeit, zuhören zu können
- Interesse an dem Problem des Coachees
- Flexibilität

Persönlichkeit/Motivation

- Selbst- und Lebenserfahrung
- Konfrontationsbereitschaft
- Neutralität, Vorurteilsfreiheit
- Standfestigkeit im Vorgehen, Frustrationstoleranz
- Empathie
- Glaubwürdigkeit, persönliche Integrität

Bei den aufgeführten Kompetenzen handelt es sich um den Idealtyp des Coaches. Bitte berücksichtigen Sie, dass einzelne Personen kaum alle genannten Qualifikationen besitzen können.

Welche Vorstellungen bisweilen in der Öffentlichkeit über Coaches kursieren, zeigt ein Zitat, das Ihnen nicht vorenthalten werden soll:

„So verfügt der Super-Coach über das emotionale Verständnis der Ehefrau, versteht aber eine Menge vom Berufsleben, kennt als Führungskraft das Leben im Unternehmensdschungel mit seinen Spielregeln oder Zwängen, besitzt therapeutische Kompetenz, ohne sich aber wie ein Psychotherapeut zu verhalten. Er besitzt die innere Einstellung eines zum Sieg entschlossenen Leistungssportlers und weiß, dass es außer der Arbeit auch andere Werte gibt." (Baisch, 1988).

„Eine wichtige Fähigkeit zeichnet einen erfolgreichen Coach aber auf jeden Fall aus", erklärt Mike Hanke. „Er verfügt über einen hohen Grad an emotionaler Intelligenz."

Erfolg durch emotionale Intelligenz

„Häufig werde ich von Coachees gefragt, was heute einen erfolgreichen Coach ausmacht", berichtete Mike Hanke. „Neben den zuvor genannten Eigenschaften ist es mir in diesen Gesprächen sehr wichtig, auf ein besonderes Skill-Set, also ein Bündel von Fähigkeiten, hinzuweisen. Ich bin überzeugt davon, dass beruflich und privat erfolgreiche Menschen keine IQ-Genies oder Helden sein müssen.

Einschlägige Forschungsergebnisse kommen zu dem Schluss, dass es fünf Kernfähigkeiten sind, die diese Menschen von anderen unterscheiden. Wir fassen diese Eigenschaften unter dem Begriff ‚emotionale Intelligenz' zusammen."

Bei diesen fünf Eigenschaften handelt es sich um die Fähigkeiten eigene Gefühle zu erkennen, Gefühle zu erleben, mit Gefühlen umzugehen, Empathie und die Fähigkeit, Beziehungen zu anderen zu gestalten.

Professor Hagedorn, ein Coach im internationalen Spitzensport, stellte fest, dass der Erfolgscoach eines Top-Athleten zugleich die Rolle von „Helfer, Leitbild, Tröster, Berater, Therapeut und Diktator" einzunehmen hat.

Professor Hagedorn stellte weiterhin fest: „Das Verhältnis zwischen Coach und Spitzensportler hat irrationale Züge. Es ist von Intimität geprägt. Berufliches und Privates lassen sich nur schwer trennen. Schließlich werden, wenn sich eine Person nahe ihrer physischen Kräfte bewegt, auch viele Emotionen sichtbar. Deshalb muss ein Coach sehr nahe an seinen Sportlern dran sein."

Auch der Coach einer Führungskraft muss in unterschiedlichen Situationen sehr verschiedene Rollen übernehmen können. Er weiß, dass relevante Coachingprozesse, in deren Verlauf oftmals grundlegende Veränderungen für die beteiligten Personen stattfinden, menschlich nahe gehen und vielerlei Gefühle ansprechen. Mit Sicherheit kann festgestellt werden, dass der Coach ein Motivations- und Beziehungsprofi sein muss. In einer Vielzahl von Veröffentlichungen wird das, was einen Coach tatsächlich erfolgreich macht, mit dem Begriff ‚emotionale Intelligenz' bezeichnet. Emotionale Intelligenz kann eines der Ziele sein, zu dem der Coachee hingeführt werden kann.

Daniel Goleman, der mit seinem Buch „EQ – Emotionale Intelligenz" eine klare Gliederung des Skill-Sets vornahm, stellte folgende Kategorien auf:

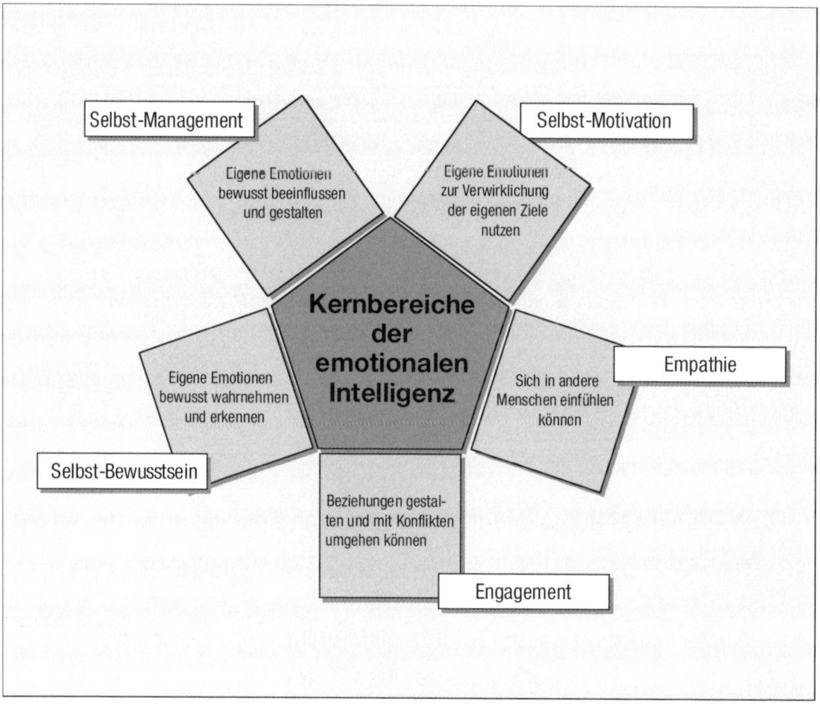

Abbildung: Die Kategorien der emotionalen Intelligenz

Selbst-Bewusstsein: Emotionen bewusst wahrnehmen und erkennen

Ein kämpferischer Indianer, so heißt es in einer alten Überlieferung, forderte einst einen Priester auf, ihm zu erklären, worin sich Himmel und Hölle unterscheiden. Der Priester wollte sich mit dem Krieger nicht einlassen. Er erwiderte verächtlich: „Du bist nichts als ein Flegel, mit deinesgleichen vergeude ich doch nicht meine Zeit!“

In seiner Ehre getroffen, wurde der Indianer rasend vor Wut. Er zog sein Messer und schrie: „Für diese Frechheit sollst du sterben!“

Der Priester lächelte weise und sagte: „Das, was du gerade erlebst, ist die Hölle.“

Verblüfft von der Erkenntnis der Wahrheit dessen, was der Priester über die Wut sagte, die ihn ergriffen hatte, beruhigte sich der Krieger. Er steckte sein Schwert in die Scheide und dankte dem Priester mit einer Verbeugung für seine neue Einsicht.

Wieder lächelte der Priester und erwiderte: „So wie wir jetzt sind, so ist der Himmel.“

Die plötzliche Klarheit über seinen eigenen Erregungszustand machte dem Indianer den entscheidenden Unterschied deutlich, ob er unbewusst von seinen Gefühlen beherrscht wird oder ob er erkennt und bewusst erlebt, wie Gefühle sein Handeln beeinflussen.

Wer seine Gefühle in dem Augenblick, in dem sie auftreten, bewusst wahrnimmt und erkennt, kann sich entscheiden, was er tun will.
Wer dagegen seine Gefühle nicht wahrnimmt, ist ihnen hoffnungslos ausgeliefert.

Für einen Coach ist es sehr wichtig, die eigenen Gefühle bewusst wahrzunehmen und einzuschätzen. Nur so ist er in der Lage, vernunftgeleitete und sachlich orientierte Gespräche mit seinem Coachee zu führen.

Emotionen, die unterhalb der Bewusstseinsschwelle gären, können Wahrnehmung und Reaktion elementar beeinflussen. Ein Coach, der sich vormittags über etwas sehr geärgert hat und danach stundenlang in latent gereizter Stimmung ist, nimmt Dinge, die gar nicht so gemeint waren, falsch auf und reagiert im Coachinggespräch evtl. unangemessen. Schnell setzt er dann das Vertrauen, das sein Coachee zu ihm gefasst hat, aufs Spiel.

In der täglichen Praxis geschieht es jedoch häufig, dass eigene Gefühle gar nicht registriert und im Zaum gehalten werden, sondern in das Unterbewusstsein verdrängt werden. Es herrscht der Glaube, die Vernunft gehöre ins Geschäft, Gefühle hingegen ins Privatleben.

„In Berlin lud mich eine Führungskraft zu einem Coaching ein“, erzählt Herr Hanke. „Diese Führungskraft ist in der Automobilbranche beschäftigt. Eine Tages kaufte er sich ein Auto der Oberklasse mit allen möglichen Extras.

Nun holte er mich mit diesem neuen Wagen vom Flughafen ab. Auf dem Weg zum Hotel geriet er ins Plaudern. Er hatte schnell festgestellt, dass dieses Auto sein Budget bis an die Grenzen des Erträglichen belastete. Ich fragte ihn, warum er sich ein so teueres Auto gekauft habe. Er begründete seine Entscheidung damit, dass das Auto einen hohen Wiederverkaufswert habe, er damit eine Menge transportieren könne, es wirtschaftlicher als ein kleineres Auto sei und der Hersteller ein plausibles Entsorgungskonzept habe.

Ein verständiger Beobachter erkennt die Fadenscheinigkeit dieser Gründe – zumindest auf den zweiten Blick.

Dieser Mensch hatte in sich die tiefe Sehnsucht, mit dem großen Auto den unbewusst erlebten Wunsch nach mehr Geltung auszugleichen, und die gleichzeitig vorhandene Angst, dass seine Umwelt dieses Motiv, das er als minderwertig empfand, erkennen könne, hat ihn dazu getrieben, seine Handlung mit ein paar vernünftigen Scheinargumenten zu rechtfertigen.“

Hätte die beschriebene Führungskraft die eigenen Gefühle bewusster wahrgenommen, hätte das für ihn mehr Entscheidungsspielraum geschaffen, neue Möglichkeiten zur Selbsterkenntnis zu finden. Für ihn würde das in diesem Fall bedeuten: „Ich stelle fest, dass ich mir ein großes Auto wünsche. Allein die Vorstellung, ein solches Auto zu besitzen und zu fahren, vermittelt mir das Gefühl höchster Zufriedenheit. Andererseits fehlt mir das Geld für Anschaffung und Unterhalt eines so teuren Autos. Würde ich auf den Kauf verzichten, wäre das sehr schmerzhaft und unbefriedigend für mich. Welche Alternativen gibt es nun für mich, dieses Dilemma zu überwinden?"

Auch Coaches sind von Gefühlen abhängig. Das Erkennen und bewusste Wahrnehmen der eigenen Gefühle ist für den Coach von besonderer Wichtigkeit. Nimmt ein Coach seine Gefühle nicht bewusst wahr, besteht die Gefahr, dass er mit sympathischen Coachees zu nachsichtig und mit unsympathischen zu hart und streng umgeht. Das wird für den Coachingprozess negative Folgen haben und bis zu einem Vertrauensverlust führen.

Die Grundlage eines jeden erfolgreichen Coachingprozesses ist eine offene, konstruktive und positive Beziehung zwischen Coach und Coachee. Gefühle sind ein wichtiger Indikator für die Qualität einer Beziehung. Negative Gefühle weisen immer auf eine Störung hin.

Zur Offenheit eines Coachingprozesses gehört es daher, dass der Coach in schwierigen Situationen ehrlich über seine Gefühle spricht. Eigene Gefühle offen anzusprechen kann auch den Coachee bewegen, offener zu werden. Der Coach übernimmt hier eine Vorbildfunktion.

Selbst-Management: Emotionen bewusst beeinflussen und gestalten

Können Sie Ihre eigenen Gefühle beeinflussen? Viele Menschen sind skeptisch und trauen sich das nicht zu – und das trotz neuerer Erkenntnisse aus der Neurologie und Psychologie.

Hier ein kleines Experiment, inwieweit Sie Ihre eigenen Gefühle beeinflussen können:

Erinnern Sie sich bitte an Ihr schönstes Urlaubserlebnis und beschreiben Sie es mit einigen Worten. Sehen Sie ein Bild vor Ihrem geistigen Auge? Können Sie sich erinnern? Können Sie in Ihrer Erinnerung Töne, Geräusche und Sprache hören?

Bitte beschreiben Sie Ihre Eindrücke. Was genau hat Ihnen an diesem Urlaub so gut gefallen? Erinnern Sie sich, wie Sie sich damals fühlten? Welche Empfindungen hatten Sie während dieses Erlebnisses? Bitte schildern Sie Ihre Gefühle mit ein paar Worten.

Erinnern Sie sich jetzt an Ihr zweitschönstes Urlaubserlebnis und stellen Sie sich dieselben Fragen noch einmal.

Denken Sie nun an Ihren letzten Misserfolg. Was fühlten Sie dabei? Waren es Wut, Ärger, Hass, Verzweiflung? Bitte beschreiben Sie kurz Ihre damaligen Gefühle mit einigen Worten.

Sie haben sich sicherlich an Ihre schönen Urlaubserlebnisse oder an Ihren letzten Misserfolg erinnert. Wenn Sie sich an beide Situationen erinnern konnten und beide mit einigen Worten beschrieben haben, dann werden Sie in genau dieser Situation auch Ihre Gefühle verändert haben. Sie selbst haben, bedingt durch Ihre Vorstellung, Ihre Gefühle beeinflusst.

Unsere Gedanken und unsere Gefühle sind eng miteinander verbunden. Lenken wir unsere Gedanken in eine positive Richtung, können wir negative emotionale Stimmungen bewusst positiv beeinflussen.

„Zu diesem Thema kann ich Ihnen ein sehr plastisches Beispiel aus einem Training erzählen", beginnt Herr Hanke und fährt gleich weiter fort: „Ich folgte der Einladung eines Kunden nach Münster zu einem Seminar.

Das Seminar sollte an einem Montagmorgen um 9 Uhr beginnen. Freitagmorgen hatte ich mit dem Sekretariat des Kunden Verbindung aufgenommen und meine Wünsche für die Ausrüstung des Seminarraumes vorgetragen. So sollten ein Stuhlkreis aufgebaut, einige Pinnwände vorbereitet und eine Videoanlage aufgebaut werden. Man sicherte mir zu, dass alles bis Montagmorgen vorbereitet sei.

Montags erschien ich gegen 8 Uhr beim Kunden und fand den Raum nicht vorbereitet vor. Vielmehr standen in dem Raum große Tische, auf denen PCs aufgebaut waren. Weder eine Videoanlage war zu sehen noch das gewünschte Moderationsmaterial.

Alle möglichen Bilder und Gedanken schossen mir jetzt durch den Kopf. Sollte die ganze Vorbereitung für das Seminar umsonst gewesen sein? Ich hatte so lange an diesem Kundenkontakt gearbeitet.

Zum Glück dachte ich an meine Worte in einem der letzten Seminare: ‚Du selbst kannst bestimmen, ob Du eine Erfahrung positiv oder negativ bewertest.'

Also versuchte ich, dieser Situation das Beste abzugewinnen, und stürzte mich in die Arbeit. Während ich Stühle rückte und Tische schleppte, überlegte ich mir, was die positiven Aspekte dieses Ereignisses für mich sind:

- *Ich kann dieses Erlebnis als praktisches und erlebtes Beispiel in meine Seminare einbauen.*
- *Dadurch, dass ich mich ärgerte, wird mir nochmals bewusst, wie sehr mir daran gelegen ist, ein hochwertiges Training beim Kunden abzuliefern*
- *Ich habe während des Stühlerückens noch die Möglichkeit, den Beginn meines Seminars im Kopf durchzugehen.*

Nachdem ich mir diese Gedanken vergegenwärtigt hatte, ging es mir bedeutend besser. Ich hatte es geschafft, meine Gefühle positiv zu beeinflussen. Auch war ich nun in bester positiver Stimmung, das Seminar zu beginnen."

REFRAMING

In der Psychologie bezeichnet man als Reframing, wenn Ereignisse, Gedanken und Gefühle in einen anderen Rahmen gestellt werden, also in einen neuen, anderen Zusammenhang gebracht und umgedeutet werden.

Wer sich regelmäßig in dem Umdeuten von Erfahrungen übt, lernt damit, seine Stimmung und seine Gefühle bewusst zu verändern.

Für Coaches ist diese Erfahrung von enormer Bedeutung. Denn nur wer Enttäuschungen und Niederlagen schnell überwinden kann, ist in der Lage, sich immer wieder selbst zu motivieren und andere für ein begeistertes Engagement zu gewinnen.

Es gibt bestimmte Fragen, die ein Reframing auslösen können:

- Was könnte das Gute an dieser Situation sein?
- Welche positive Absicht steckt hinter meinem Verhalten?
- Wie kann ich von dieser Situation profitieren?
- Für wen könnte diese Situation auch noch vorteilhaft sein?
- Was kann ich aus dieser Situation lernen?
- Was will ich aus dieser Situation heraus verändern?

Verwirklichung der eigenen Ziele als Motivation

„Kann emotionale Intelligenz Coach und Coachee gleichermaßen beim Erreichen ihrer individuellen Ziele unterstützen?“, fragt Marc-Phillip. „Nun“, sagt Mike, „Emotionen beeinflussen unsere Fähigkeit zu denken und zu planen, für ein entferntes Ziel zu arbeiten, Probleme zu lösen oder unsere geistigen Potenziale zu nutzen und so unseren Lebenserfolg entscheidend zu beeinflussen. Bereitet uns das, was wir tun, Freude, dann motivieren wir uns aus der Aufgabe heraus und treiben uns selbst zu Höchstleistungen an. Emotionale Intelligenz ist somit in diesem Sinn eine übergeordnete Fähigkeit, die sich fördernd auf alle anderen Fähigkeiten auswirkt.“

Neben dem Einsatz der Gefühle zur Erreichung eines Ziels spielen Begeisterungsfähigkeit und Optimismus für die Sache eine große Rolle.

Freude und Spaß zu empfinden ist folglich Voraussetzung für Erfolg. Denn hier liegt eine Quelle der Selbstmotivation.

Bill Gates stellte hierzu einmal treffend fest: „Erfolgreich wird der, der etwas, was er gut kann, gerne tut.“ Positive Gefühle und Begeisterung für die Sache stärken also den Willen, die Sache auch gut zu machen und letztendlich zum Erfolg zu bringen.

Empathie: Sich in andere Menschen einfühlen können

Mit Empathie ist gemeint, sich in einen anderen Menschen hineinzuversetzen, zu verstehen, was er fühlt.

Sympathie bedeutet, mit einem andern Menschen fühlen und Gleiches zu erkennen. Empathie bedeutet, sich in den anderen Menschen hineinversetzen zu können, ohne ihn unbedingt persönlich symphatisch finden zu müssen. Sympathie ist somit keine Voraussetzung für Empathie. Der Coach muss sich, will er seine Sache gut machen, in seinen Coachee hineinversetzen können, unabhängig von persönlichen Vorlieben.

Hierzu eine kleine Aufgabe, an der Sie Ihre Bereitschaft zur Empathie messen können. Bitte machen Sie sich einmal die Mühe, sieben gute Gründe aufzuschreiben, warum ein anderer Autofahrer bei Ihnen so dicht auffährt.

1. Grund: Er kommt zum wiederholten Male zu spät ins Büro.

2. Grund: __________

3. Grund: __________

4. Grund: __________

5. Grund: __________

6. Grund: ____

7. Grund: ____

Es gibt ein Indianersprichwort: „Gehe eine Weile in meinen Mokassins“. Genau so etwas sollten Sie tun, wann immer negative Gefühle und Gedanken aufkommen. Steigen Sie bildlich in die Schuhe der anderen Menschen. Und dann sehen Sie, wie sinnlos die meisten negativen Gedanken über andere Menschen sind und wie viele gute Motive andere für ihr Verhalten haben.

Der Mensch ist ein soziales Wesen. In vielen Situationen sind Menschen auf das Wohlwollen und die Unterstützung anderer Menschen angewiesen. Der Mensch wird erfolgreicher sein, wenn er in der Lage ist, andere Menschen für seine Ideen positiv zu beeinflussen. Das hört sich bis hierher noch recht einfach an. Aber nur der kann andere Menschen motivieren, der sich auch in die Lebens- und Erlebenssituation anderer Menschen einfühlen kann.

Engagement: Beziehungen gestalten und mit Konflikten umgehen

Beziehungen kann nur der gestalten, der das Leben nicht als Zuschauersport sieht, die Menschen nicht nur beobachtet, sondern etwas zusammen mit ihnen unternimmt. Es ist ein hohes Maß an Engagement nötig, um dieses Ziel zu erreichen. Eine wichtige Voraussetzung ist natürlich, Lust und Freude daran zu empfinden, unter Menschen zu sein und mit Menschen Beziehungen zu gestalten.

Man spricht dann von einer guten Beziehung zu Menschen, wenn zwischen den Menschen eine Verbindung des gegenseitigen Respekts, der gegenseitigen Achtung und der positiven Gefühle geknüpft wird.

Spricht man von guten Beziehungen, so hört man oft, dass die „Chemie“ zwischen den Beteiligten stimmt. Der Begriff „Chemie“ wird hier als Metapher genutzt und deutet darauf hin, dass gute Beziehungen von einem Geflecht von Reaktionen und Gegenreaktionen abhängen, die im Detail nur sehr schwer aufgeschlüsselt werden können.

„In diesem Zusammenhang erinnere ich mich an ein Projekt für einen großen Warenhauskonzern", erzählt Herr Hanke, „in dem wir zu Beginn des Projektes die Besucher bei der Warenausgabe beobachtet haben. Die Mitarbeiterin, die die Ware ausgab, wurde gebeten, bei der Warenausgabe den Kunden nicht anzusehen, nicht zu lächeln und nicht zu berühren. Sie sollte sich so neutral wie möglich verhalten. Verließen die Kunden den Verkaufsraum, wurden sie zu ihrer Meinung über den Service des Unternehmens gefragt. Alle meinten, der Service sei sehr schlecht. Auf die Frage, was denn so schlecht gewesen sei, nannten viele als Grund die unübersichtliche Präsentation der Ware, den hohen Geräuschpegel und die unzureichende Preisauszeichnung der Artikel. Einige beklagten sich, dass die Artikel, die sie gerade suchten, vergriffen seien.

Nach Abschluss dieser Phase wurde die Mitarbeiterin an der Warenausgabe gebeten, ihr Verhalten zu ändern. Sie sollte die Kunden ansehen, sie anlächeln, wenn möglich, mit dem Namen anreden, und bei der Übergabe des Artikels zufällig die Hand des Kunden berühren.

Die Kunden, die diesen neuen Umgang erlebt hatten, wurden wiederum befragt. Alle waren mit dem Service des Unternehmens sehr zufrieden. Bemerkenswert an dem Ergebnis der Befragung war, dass nur wenige den guten Service mit dem Verhalten der Mitarbeiterin an der Warenausgabe in Verbindung brachten. Als Begründung für den guten Service wurden die gute Beleuchtung und die zweckmäßige Warenpräsentation angeführt.

In dieser Fallstudie zeigt sich, dass die Gefühle, die Wahrnehmungen und rationalen Urteile durch Mitmenschen stark beeinflusst werden. Diese Beeinflussungen scheinen dabei stärker im Unbewussten des Menschen stattzufinden.

Mit anderen Worten: Kümmern Sie sich um Ihre Mitmenschen! Es ist erstaunlich, wie einfach die Zufriedenheit der Kunden gesteigert werden konnte, und vor allem die Erkenntnis, dass es eigentlich dann am besten klappte, wenn die Mitarbeiter Lust darauf hatten, sich mit ihren Kunden zu beschäftigen – sie als harmoniebedürftige Wesen zu achten."

Bei zwei Menschen, die sich gut verstehen, kann man im Gespräch eine Synchronisation ihrer Körperbewegungen beobachten. Diese Erfahrung sollte der Coach auch in seinem Gespräch mit dem Coachee nutzen. Nimmt er bewusst eine ähnliche Körperhaltung wie sein Coachee ein, kann er sein Gegenüber positiv beeinflussen.

Ein sensibler Gesprächspartner, so haben Forschungen gezeigt, nimmt unbewusst selbst feinste körperliche Regungen seines Gegenübers wahr. Ein körpersprachliches Zusammenspiel wird wahrscheinlich in einem Kommunikationspartner Gefühle von entspanntem Vertrauen entstehen lassen.

Die Vorteile guter Beziehungen im Coaching liegen auf der Hand: Stellt der Coach gute Beziehungen zu seinem Coachee her und hält er diese auch aufrecht, kann er seinen Wirkungsgrad und Einflussbereich vergrößern. Sein Gesprächspartner wird sich für gemeinsame Interessen und abgesprochene Ziele einsetzen.

Ist der Coach in der Lage, bewusst gute Beziehungen zu seinen Coachees zu gestalten, so ist dies die höchste Stufe der emotionalen Intelligenz. Das Erkennen und bewusste Umgehen mit den eigenen Gefühlen sowie die Fähigkeit, sich in die Gefühlswelt der anderen hineinzuversetzen, ist notwendige Voraussetzung dafür.

Werkzeugkasten für ein erfolgreiches Coaching

Die Grundlage eines jeden Coachings ist die Fähigkeit und Bereitschaft zur professionellen und zielgerichteten Kommunikation, der geschliffene Umgang mit verbaler und nonverbaler Sprache. Andere Mittel, um zu (be)wirken, bleiben einem Coach nicht – und ebenso keinem Coachee!

Wie also sieht der Werkzeugkasten der Kommunikationschampions aus? Auf welche Instrumente greifen sie im Laufe der Gestaltung ihres erfolgreichen Coachings zurück?

Werkzeug „Kommunikation“

„Kommunikation wird als Prozess verstanden, bei dem eine Idee aus dem eigenen Kopf hinaus- und in einen anderen Kopf hineingetragen wird“ (H. D. Lasswell). Es ist wichtig, dass die Botschaft so gesendet wird, dass sie der Empfänger verstehen, aufnehmen und akzeptieren kann, denn:

- Gesagt bedeutet nicht gehört.
- Gehört bedeutet nicht verstanden.
- Verstanden bedeutet nicht einverstanden.
- Einverstanden bedeutet nicht angewendet.
- Angewendet bedeutet noch lange nicht beibehalten.

Je besser die Beziehung des Empfängers zum Sender und je besser das „Empfangsgerät“ auf den Sender eingestellt ist, desto originalgetreuer wird die Botschaft beim Empfänger ankommen. Das Feedback, also das Reproduzieren eines Gedankens vom Empfänger zum Sender, gibt Letzterem die Möglichkeit zu prüfen, ob seine Kommunikation erfolgreich war.

Effektiv kommunizieren

Effektive Kommunikation steht im Mittelpunkt eines erfolgreichen Coachings. Damit die Kommunikation möglichst offen stattfinden kann, sollte der Coach für ein angenehmes Klima sorgen. Zudem sollte er stets darauf achten, dass die Kommunikation stark beeinflusst, wie die zu besprechenden Probleme und Aufgaben überhaupt wahrgenommen werden.

Zu Störungen in der Kommunikation kann es kommen, wenn sich Coach und Coachee nicht in den Standpunkt des jeweils anderen einfühlen können und die Möglichkeit einer unterschiedlichen Wahrnehmung außer Acht lassen. Nonverbale Elemente der Kommunikation wie z. B. Gestik, Mimik, Haltung oder Tonfall sind hierbei ebenso wichtig wie verbale Äußerungen.

Inhaltlich gleiche Worte können, je nachdem wie sie gesprochen werden, verletzen, beleidigen oder beflügeln. Sie können stolz machen,

Aktivitäten auslösen, aber auch einen Menschen zum Schweigen bringen.

Durch Sprechtempo, Diktion, Klang, Rhythmus und Lautstärke können sie Begeisterung, Angst, Zuversicht, Dringlichkeit, Gelassenheit und zahllose andere Stimmungen übermitteln.

Das Timing der gesprochenen Worte, die Intensität der Stimme, die Pausen und die Modulation der Tonhöhe – all diese Aspekte bestimmen mit darüber, wie stark das Gegenüber beeinflusst werden kann. Beispielsweise müssen Kernaussagen des Coaches, vor allem wenn sie mit einem Appellcharakter versehen sind, deutlich vom sonstigen Gesprächsverlauf abgegrenzt werden. Der Einsatz der oben genannten Stilmittel ist hierbei überaus hilfreich.

Das TALK-Modell der Kommunikation

Friedemann Schulz von Thun weist jeder Nachricht vier Aspekte zu:

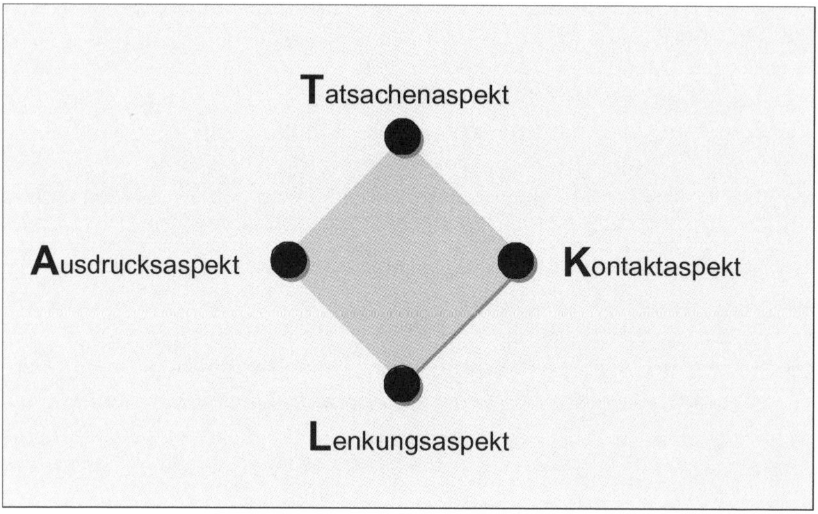

Abbildung: Das TALK-Modell

- Tatsachenaspekt oder die Sachinformation: Worüber wird informiert?
- Ausdrucksaspekt oder die Selbstoffenbarung: Was gibt der Sender von sich kund?
- Lenkungsaspekt oder der Appell: Wozu soll der Empfänger veranlasst werden?
- Kontaktaspekt oder Beziehungsaspekt: Was hält der Sender von der Person des Empfängers?

Alle vier Ebenen einer Nachricht sind untereinander verwoben. So teilt der Coach nicht nur Sachinformationen mit. Er kommt nicht umhin, gleichzeitig etwas über sich selbst mitzuteilen. Dabei versucht er, auf den Coachee Einfluss auszuüben. Hierin drückt sich die Art der Beziehung zu ihm aus. Dies gilt selbstverständlich auch umgekehrt für den Coachee. Ein Coach muss sich bewusst sein, dass in einer Nachricht, letztlich in jedem Einzelsatz, alle Aspekte verwoben sind und entsprechend seine Kommunikation stets genau kontrollieren. Betrachtet der Coach jede Gesprächsphase aus der Vogelperspektive, werden ihm Fragen wie diese beantwortet: Was denkt mein Coachee gerade? Wie wirke ich zur Zeit auf ihn? Wie verarbeitet er meine Anmerkungen? Ist er bereit für die nächste Gesprächssequenz?

Missverständnisse, Verstimmungen und Konflikte treten immer dann auf, wenn der Sender nicht alle vier Seiten einer Nachricht beherrscht oder der Empfänger nicht alle Kommunikationsebenen auswertet.

Beide Kommunikationspartner müssen die verschiedenen Seiten einer Nachricht, die immer gesendet werden, erkennen und aufeinander abstimmen.

Dieses Abstimmen erfolgt in der Regel über das Feedback. Sender und Empfänger geben sich in ihren wechselnden Rollen Feedback und legen so dar, wie die Nachricht bei ihnen angekommen ist.

„Zu dem Kommunikationsmodell fällt mir ein Beispiel aus einem Coaching ein, an dem ich Ihnen demonstrieren möchte, wie wichtig es ist, sich der vier Aspekte einer Botschaft stets bewusst zu sein", berichtet Hanke. „Ein Coachee aus der Kosmetikbranche beschrieb mir seinen Wunsch, dass er gerne mehr Erfahrungen in seinem Verantwortungsbereich sammeln wolle. Da ich seine Leistungspotenziale kannte, antwortete ich ihm, dass ich das nur befürworten kann, und fragte ihn, an was er dabei gedacht habe. Der Coachee hatte bereits konkrete Vorstellungen und wünschte sich, die Verantwortung für die Einführung einer neuen Gesichtscreme auf dem Markt zu übernehmen. Ich antwortete ihm darauf, dass dies wohl schwierig sein könne. Plötzlich wurde der Coachee ganz aufgeregt und fragte mich, warum ich ihm das nicht zutraue. Das wollte ich ihm aber gar nicht signalisieren. Vielmehr wollte ich ihm sagen, dass dies ein umfangreiches Projekt und eben schwierig sei.

Die unbewusste Unsicherheit hinsichtlich seines Vorhabens hat ihm hier einen Streich gespielt: Meine auf der Sachebene gesendete Nachricht wurde von ihm uminterpretiert und war letztlich eine Selbstoffenbarung."

METAKOMMUNIKATION

Kommunikationsprozesse lassen sich spezifizieren.

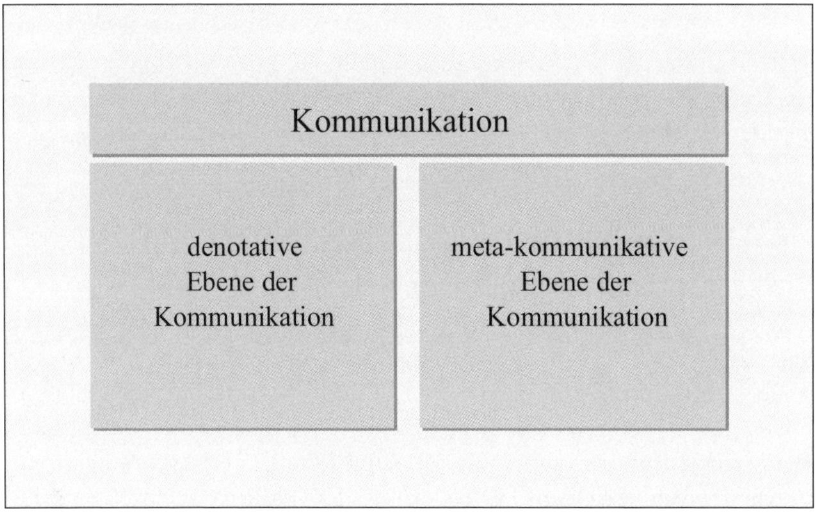

Abbildung: Metakommunikation

Die denotative Ebene bezieht sich auf den direkten wörtlichen Inhalt der gesendeten Botschaft. Die metakommunikative Ebene bezieht sich darauf, wie kommuniziert wird. Sagt zum Beispiel ein Vorgesetzter zu seinem Mitarbeiter: „Verlassen Sie bitte mein Büro!", erkennt der Mitarbeiter am Tonfall, wie diese Worte zu verstehen und einzuordnen sind. Die metakommunikativen Aspekte tragen also zur Interpretation der denotativen Botschaft bei.

Die Metakommunikation setzt man häufig dann ein, wenn Menschen zu einer bestimmten Handlung aufgefordert werden sollen. Dies kann entweder explizit ausgesprochen werden oder aber auch wesentlich subtiler mit Hilfe nonverbaler Hinweise vonstatten gehen.

Beide Aspekte der Botschaft, der denotative und der metakommunikative, werden vom Sender interpretiert und führen zu einer bestimmten Reaktion. Da die Metakommunikation häufig nonverbal stattfindet, kann es zu widersprüchlichen Botschaften kommen.

Sie können die Qualität Ihrer Kommunikation bedeutend steigern, wenn Sie sich häufiger die folgenden Fragen stellen:

- Ist mir bewusst, welche Botschaft ich durch mein nonverbales Verhalten aussende?
- Was würde ich an der verbalen und nonverbalen Kommunikation mit meinen Coachees gerne verändern?
- Welche Vorteile hat es, die verbale und nonverbale Kommunikation mit meinen Coachees zu verbessern?

Werkzeug „Zuhören"

Man kann grundsätzlich zwei verschiedene Arten des Zuhörens unterscheiden, das aktive und das passive Zuhören. Beide Formen können, abhängig von der jeweiligen Gesprächssituation, sinnvoll sein, wobei dem aktiven Zuhören innerhalb eines Coachings eine wesentlich größere Bedeutung zukommt. Wie kann der Coach z. B. herausfinden, ob sich beide Seiten – Coach und Coachee – über ihre Emotionen und die jeweilige Sicht des anderen im Klaren sind? Diese Möglichkeit eröffnet das aktive Zuhören.

Der Mensch spricht durchschnittlich 100 bis 200 Worte pro Minute. Das Doppelte der gesprochenen Worte kann er aufnehmen. Das heißt, der Zuhörer muss sich seine „Freizeit" vertreiben – er könnte wesentlich mehr aufnehmen. In dieser ungenutzten Zeit schweift er gerne mit seinen Gedanken ab, um z. B. Gegenargumente oder Antworten vorzubereiten. Dabei geht ihm oft der eigentliche Sinne des Gesagten verloren.

In der ungenutzten Zeit ist es sinnvoll, das Gesagte unter Berücksichtigung der vier Aspekte einer Nachricht (das TALK-Modell) wahrzunehmen: den Tatsachenaspekt zu verstehen, die Absicht des Senders herauszufiltern, seine Situation (Ausdrucksaspekt) in Rechnung zu stellen und die Beziehungsebene einzuschätzen.

Um hierbei erfolgreich zu sein, ist richtiges Zuhören unumgänglich. Häufig ist man sich der Bedeutung des Zuhörens nur wenig bewusst. Es ist kein passiver Akt, es ist mehr als nur Hinhören. Durch intensive Beobachtung des Gesprächspartners, seiner Gestik, Mimik oder Stimmlage kann mehr über die Person erfahren werden, als durch seine Worte. Zuhören ist Arbeit.

Hüten Sie sich vor folgenden schlechten Angewohnheiten beim Zuhören:

- fehlende Aufmerksamkeit
- nur scheinbar zuhören
- nur zuhören, bis man selbst etwas gesagt hat
- nur das hören, was man erwartet
- in die Defensive gehen, weil man glaubt, die Absicht des anderen bereits erkannt zu haben
- sich darauf zu konzentrieren, Meinungsverschiedenheiten herauszuhören

Passives Zuhören

Diese Form des Zuhörens entspricht am ehesten dem, was sich viele Menschen unter Zuhören vorstellen. Der Gesprächspartner begrenzt sich darauf, Signale wie „Hm“, „Aha“ usw. auszusenden. Häufig werden hier auch Mimik und Gestik eingesetzt.

Das passive Zuhören kann vor allem am Beginn eines Coachinggesprächs wichtig für die Coachees sein. Sie wollen sich zuerst ihre aktuellen und für sie wichtigen Themen „von der Seele“ reden. Für viele Führungskräfte stellt das Coaching eine willkommene Möglichkeit dar, wie sie einem neutralen Zuhörer alles, was ihnen einfällt, mitteilen können. Und das, ohne an hierarchisch bedingte Auswirkungen denken zu müssen. Das passive Zuhören des Coaches übernimmt dabei die Funktion des Warming-up. Sie wollen sich der Beziehung zum Coach vergewissern, bevor sie zu ihrem eigentlichen Anliegen vorstoßen.

Für den Coach ist das erste passive Zuhören bereits ein wesentlicher Teil des Gesamtprozesses. Er muss sich auf die Darstellungen seines Gesprächspartners maximal konzentrieren. Eindrücke, die der Coach von seinem Coachee gewinnt, müssen verdichtet werden, sollten idealerweise protokolliert werden und bieten schließlich eine höhere Sicherheit für spätere Rückmeldungen.

Aktives Zuhören

Aktives Zuhören ist eine spezielle Form des Feedbacks. Die vier Bausteine des aktiven Zuhörens sind:

- Wahrnehmen
- Verstehen
- Bewerten
- Reaktion

Was genau ist in unserem Zusammenhang unter diesen Begriffen zu verstehen?

Wahrnehmen

Je geringer das Interesse an dem Gespräch ist, desto geringer ist die Wahrnehmung. Menschen nehmen oft gefiltert wahr – Dinge, die weniger interessieren, werden herausgefiltert. Hingegen wird vornehmlich das wahrgenommen, was eigene Vor-Urteile unterstützt.

Hierzu ein kleines Experiment:

Fragen Sie jemanden, der eine Analog-Armbanduhr besitzt, welche Form die „9" auf seinem Zifferblatt hat. Sind es römische oder arabische Ziffern? Fragen Sie, welche Farbe das Zifferblatt hat, ob eine Datumsanzeige vorhanden ist und ob Text auf dem Zifferblatt aufgedruckt ist.

Nur wenige Menschen werden diese Fragen vollständig beantworten können. Betrachten Sie anschließend mit dem Probanden das Zifferblatt und diskutieren sie die Übereinstimmungen und Abweichungen. Bitten Sie den Probanden kurz danach, Ihnen die genaue Uhrzeit zu sagen, ohne auf die Uhr zu sehen. Meist bleiben die Befragten diese Antwort schuldig. Bei der letzten Betrachtung hatten sie sich nämlich – gemäß dem Prinzip der gefilterten Wahrnehmung – lediglich auf das Zifferblatt konzentriert.

Übertragen auf ein Coachinggespräch bedeutet dieses kleine Experiment, dass das ganzheitliche Interesse an dem Gesprächspartner und dem, was er sagt, Voraussetzung für ein effektives Gespräch ist.

Verstehen

Unter Verstehen fällt das *Auffassen* und das *Begreifen* des Gehörten. Wie kann nun verhindert werden, dass es im Kommunikationsprozess zu Missverständnissen kommt, weil z. B. etwas nicht verstanden wurde?

Am sinnvollsten ist es, das Gesagte zu wiederholen, bevor man dem Gesprächspartner antwortet. Hierbei handelt es sich nicht um ein Nachplappern, sondern um die Wiederholung der Sachaussage mit eigenen Worten.

Diese Form des Zuhörens wird auch „Paraphrasieren" genannt. Der Zuhörer teilt seinem Gesprächspartner mit, was er verstanden hat. Eigene Aspekte zum Gesprächsthema haben beim Paraphrasieren nichts verloren.

Wichtig ist dabei, die Bedeutung einer Nachricht gemeinsam zu definieren. Nur so kann erreicht werden, dass auch wirklich der Inhalt der Botschaft verstanden wurde.

Bewerten

Im dritten Baustein des Zuhörens gilt es, das Gesagte und Verstandene zu bewerten. Diese Phase kann sehr gefährlich sein, denn in dem Prozess der Bewertung kommen Bezugssysteme und Vorurteile der Gesprächspartner zum Tragen, beim Coaching auch das Wertesystem des Coaches.

Das Feedback nimmt daher in diesem Stadium des Gesprächs eine sehr wichtige Rolle ein. Durch Rückkopplung kann signalisiert werden, wie eine Äußerung beim Gesprächspartner angekommen ist.

Das Feedback könnte z. B. mit folgenden Worten eingeleitet werden: „Auf mich hat das, was Sie gerade gesagt haben, wie folgt gewirkt ..."

Bei dieser Form des Feedbacks, dem Verbalisieren, fasst der Coach das in Worte, was der Coachee sprachlich zwischen den Zeilen, durch Gestik und Mimik mitgeteilt hat. Für den Coachee hat diese Form des Feedbacks ein hohe Bedeutung. Er lernt, Botschaftsanteile seiner Worte bei sich selbst zu beachten, die bislang eher im Unbewussten ruhten.

Reagieren

Hier gibt es einen Fallstrick: Statt wirklich zuzuhören, wird bereits über eine Antwort oder eine Stellungnahme nachgedacht, während der Gesprächspartner noch spricht.

Legt man sich die Antwort parat, führt dies schnell dazu, dass falsch reagiert wird, weil angenommen wird, dass die Antwort bereits bekannt sei. Man hat sich zwar selbst bereits vor dem geistigen Auge mit dieser Antwort beschäftigt, doch der Gesprächspartner hat bisher keine Kenntnis davon.

Die beste Art zu reagieren ist, dem Gesprächspartner seine ganze Aufmerksamkeit zu schenken. Diese kann signalisiert werden z. B. durch Nicken, Nachfragen oder Blickkontakt.

Wer die vier Bausteine verstanden hat, ist bereit für die besondere Kunst des Zuhörens: das aktive Zuhören. Hierbei wird nicht nur auf das geachtet, was der andere sagt, sondern auch wie er spricht und wie er sich verhält. Gefühle, Hoffnungen und Wünsche werden meist nicht direkt formuliert, vielmehr schwingen sie in fast jeder Äußerung mehr oder minder deutlich mit.

Zentrale Fragen beim aktiven Zuhören sind:

- Was empfindet mein Gesprächspartner?
- Was beschäftigt ihn derzeit?
- Welche Interessen verfolgt er mit dem Gesagten?

Aktives Zuhören stellt somit den Schlüssel zum Gesprächspartner dar. Es begünstigt ein Klima des gegenseitigen Verständnisses und des Respekts.

Mit den folgenden Formulierungen signalisieren Sie Ihrem Gesprächspartner aktives Zuhören:

- Ich habe das Gefühl, dass Sie verärgert sind …
- Sie meinen, dass …
- Aus Ihrer Perspektive …

Ist dem Zuhörer nicht bewusst, was der Gesprächspartner meint, sind folgende Ausdrücke nützlich:

- Könnte es sein, dass ...
- Ich frage mich, ob ...
- Ich glaube, Sie richtig verstanden zu haben ...

Wann wenden Sie aktives Zuhören an? Besonders nützlich ist es in folgenden Situationen:

- Sie erhalten verbale oder nonverbale Hinweise, dass jemand ein Problem hat.
- Sie möchten jemandem helfen und Zeitpunkt und Ort sind günstig.
- Sie können sich für Probleme des Gesprächspartners öffnen und Verständnis dafür empfinden.

- Sie sind in der Lage, sich auf den anderen einzustellen, ohne dass eines Ihrer eigenen Anliegen so dringend ist, dass es Ihre Zuwendung stören kann.
- Sie haben zu der anderen Person genügend Distanz, damit Sie deren Lösung des Problems akzeptieren können.

Zu den folgenden Fragen werden jeweils vier Alternativantworten gegeben, von denen eine das aktive Zuhören widerspiegelt. Um Ihnen die Möglichkeit zu geben, zunächst selbst nach den richtigen Antworten zu suchen, finden Sie die Auflösung erst am Ende der Beispielfragen.

„Ich arbeite seit über zwei Wochen an diesem Bericht, und jetzt sagt mir mein Vorgesetzter, dass das Projekt abgeblasen wurde."

1. Das ist wirklich hart.
2. Sie haben viel Zeit und Energie in dieses Projekt hineingesteckt, und jetzt wird alles abgeblasen?
3. Ich habe genauso daran gearbeitet!
4. Das hätte Ihnen Maier aber auch eher sagen können.

„Ich mag meine Arbeit wirklich gern. Gut, ich will nicht für den Rest meines Lebens hier sitzen bleiben, aber schließlich kann man nicht oben anfangen."

1. Wenn es nach Ihnen ginge, wären Sie der Boss hier?
2. Sie sind mit Ihrer Leistung hier ganz zufrieden?
3. Ich habe das Gefühl, dass Sie sich zur Zeit noch in Geduld üben.
4. Das klingt, als ob Sie von hier weg wollten.

„Ich will damit nicht sagen, dass die Idee schlecht ist. Aber wir haben das hier noch nie so gemacht. Ich finde, wir sollten nicht so viel experimentieren."

1. Sie meinen, das Alte hat seine Berechtigung?
2. Man bekommt nichts als Schwierigkeiten, wenn man immer das tun will, was gerade modern ist.
3. Sie sind sich nicht ganz sicher, ob ein Wechsel gut wäre?
4. Wer nichts probiert, macht nichts falsch!

„Ist mir egal, was die wollen. Ich habe diese Zahlen erst letzte Nacht bekommen und ich nehme dazu nicht Stellung, bevor ich sie mir genau angesehen habe."

1. Die stellen ganz schöne Ansprüche.
2. Die glauben, Sie seien nur für die da.
3. Ich weiß genau, wie das ist.
4. Sie wollen Ihre Stellungnahme erst einmal genau überlegen.

„Ich glaube einfach, dass Fuchs wusste, dass er befördert wird. Der war doch in letzter Zeit nur noch mit denen zusammen. Aber ich lasse das nicht auf mir sitzen."

1. Ich stimme zu: Es kommt nicht darauf an, was du kannst, sondern wen du kennst.
2. Sie meinen, ihm war seine Beförderung bekannt?
3. Sie finden sein Vorgehen nicht fair?
4. Wer hier was werden will, muss Ihre Spiele spielen.

Es ist ein Meilenstein auf dem Weg zum professionellen Coach, wenn man das aktive Zuhören beherrscht. (Die richtigen Antworten hier: 2/3/3/4/2.) Mit Hilfe des aktiven Zuhörens wird das Gespräch weiter geführt und geht in die Tiefe, ohne dass vom Coach zunächst Input geleistet wird. Vielmehr gelingt es ihm durch seine Fragen, die oft ungeordneten Gedanken seines Gegenübers zu systematisieren und auf Kernthemen zu lenken.

Werkzeug „Fragen"

Aktives Zuhören ist eine der wesentlichen Voraussetzungen einer effektiven Kommunikation. Ergänzt wird es durch die Fähigkeit, geschickte Fragen zu stellen. Fragen gehört zu den wichtigsten Aufgaben eines Coaches.

Der Coach erreicht durch seine Fragen drei Ziele:

- Er erfragt Informationen.

- Mit Hilfe der Fragen erkennt er Sichtweisen, wie der Coachee zu seinem Anliegen/Problem steht.
- Durch Fragen werden wichtige Entwicklungsprozesse beim Coachee angestoßen.

Drei Arten von Fragen können im Coaching unterschieden werden, nämlich Informationsfragen, Fragen nach Sichtweisen bzw. Bewertungen und Entwicklungsfragen.

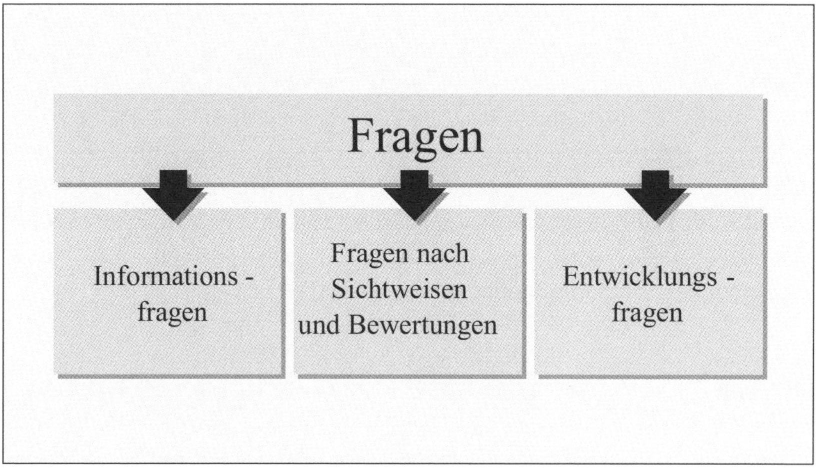

Abbildung: Fragen

Informationsfragen

Mit Hilfe von Informationsfragen ergründet der Coach z. B. die Berufswelt seines Coachees. Dabei nimmt er Informationen über seine Funktion, seine Stellung im Unternehmen oder Einflüsse seiner Umwelt auf ihn auf. Ebenso werden relevante Fakten aus seinem privaten Umfeld erhoben, wie Ausbildungsgang, Familienstand etc.

Fragen nach Sichtweisen und Bewertungen

Der Coachee hat eigene Sichtweisen und Bewertungen über die Themen, die in dem Gespräch kommuniziert werden. Hierin dokumentieren sich seine Individualität, seine spezifischen Problemlagen, aber auch bereits erste Lösungsansätze. Somit ist es für den Coach geradezu selbstverständlich, den Coachee immer wieder nach seinen Einschätzungen zu bestimmten Situationen, Erklärungen, Problemen oder Handlungen zu fragen. Auf diese Weise lernt er seinen Coachee kennen und es erschließt sich ihm sein spezieller Horizont und seine Problemformulierung, die er bislang vorgenommen hat.

ENTWICKLUNGSFRAGEN

Zu Beginn des Coachingprozesses haben Coach und Coachee Ziele formuliert. Diese Ziele soll der Coachee im Verlauf seines Coachings mit Unterstützung seines Coaches selbst erreichen. Hierfür gibt es primär zwei Gründe: Zum einen kennt der Coachee selbstverständlich seine spezifische Problemstellung am unmittelbarsten, kann diese aber häufig nicht adäquat und lösungsorientiert formulieren. Zum anderen wird der Coachee üblicherweise die von ihm selbst gefundenen Lösungswege am ehesten akzeptieren. Damit er nun diese Ziele eigenständig angehen kann, begleitet ihn der Coach mit Fragen, die ihm zu Veränderungen in seinem Denk- und Verhaltensmuster verhelfen – so genannten Entwicklungsfragen.

Geschlossene Fragen, die der Coachee nur mit Ja und Nein beantworten kann, wie z. B.: „Haben Sie an dem Workshop zur Service-Offensive teilgenommen?“, sind nicht entwicklungsfördernd. Genau anders herum verhält es sich bei offenen Fragen, die umfangreichere Antworten erfordern und dadurch entwicklungsfördernd sind: „Welche Maßnahmen haben Sie im Anschluss an den Workshop geplant?“. Geschlossene Fragen sollten somit möglichst vermieden werden.

Der Coach erhält durch geschickte offene Fragen eine Fülle an Informationen. Diese Informationen müssen nun im Hinblick auf ihre Relevanz für die Problemstellung sortiert werden. Dann gilt es, präzisere Fragen zu stellen, damit die inhaltliche Arbeit prägnant und konkret wird.

Werkzeug „Feedback“

Zuhören und Fragen verbessern zwischenmenschliche Beziehungen und erleichtern die Kommunikation. Feedbacks, also Rückmeldungen über das Image, das hinsichtlich unserer Verhaltensweisen in unserer Umwelt existiert, runden nun dieses Bild ab und sind Ausgangspunkt für Veränderungen – sofern diese unter Berücksichtigung der ursprünglichen Zielsetzungen als wünschenswert erscheinen.

Differenzierte Feedbacks sind im Coaching von zentraler Bedeutung, da sie ein Mittel zur konstruktiven Offenheit darstellen. Weiterhin werden durch Feedbacks sowohl dem Coachee als auch dem Coach zunächst unbewusste Kommunikationshindernisse bewusst gemacht. Diese treten vor allem in der Anfangsphase des Coachings auf, da beide noch nicht ganz vorhersagen können, wie ihr Verhalten auf den jeweils anderen wirkt.

Feedback dient dazu, uns erkennen zu lassen, welche Wirkungen unsere Handlungen und Verhaltensweisen auf den anderen haben.

Das Feedback wird getragen von der Aufnahmebereitschaft des Coachees. Diese ist unabdingbare Voraussetzung für das Empfangen von Rückmeldungen. Vor allem neuen, evtl. auch zunächst ungeliebten Hinweisen sollte genaues Gehör geschenkt werden.

Dies wird erleichtert, wenn der Feedbackgeber sich an folgenden Maßgaben orientiert:

- Konkretheit
- Klarheit
- Transparenz

Erst sie gewährleisten, dass die Feedbacknehmer ihr eigenes Verhalten anhand der bekannten Beurteilungskriterien selbstkritisch überprüfen und Selbst- und Fremdeinschätzung zueinander in Beziehung setzen können. Grundlage ist, dass das innerhalb des Feedbacks aufgezeigte Verhalten anhand klar definierter Beurteilungskriterien beschrieben wird und nicht „aus dem Bauch heraus" stattfindet. Das heißt, das verwendete Instrument (wie die weiter oben abgebildeten Beobachtungsbögen) sollte eine objektive Beurteilung ermöglichen, auf deren Basis auch Personalentwicklungsmaßnahmen abgeleitet werden können.

Im Feedback sollten ausschließlich veränderbare Verhaltensweisen thematisiert werden. Alles andere ist ineffektiv und kann darüber hinaus verletzend wirken.

Feedbackgespräche führen

Feedbackprozesse erfordern vom Coach ein hohes Maß an Sensibilität und Gesprächskompetenz. Sein Gesprächsverhalten trägt ganz wesentlich dazu bei, ob der Coachee den gewünschten Nutzen aus dem Feedback erhält oder sich ungerecht behandelt und falsch beurteilt fühlt.

Achten Sie besonders auf die Punkte, die in der folgenden Übersicht dargestellt werden:

Kommunikationsstil im Feedbackgespräch

Richtig fragen	Gut zuhören
♦ offene Fragen ♦ keine Mehrfachfragen ♦ konkrete Fragen ♦ einfache Fragen ♦ keine Suggestion ♦ kein Verhör	♦ freier Blickkontakt (mutig, offen) ♦ körperliches Zuwenden ♦ emotionales Zuwenden (aktiv zuhören) ♦ Aufmerksamkeit zeigen ♦ Pausen zulassen ♦ auch Nonverbales wahrnehmen

Regeln für den Feedbackgeber

Das Feedback ist beschreibend, nicht wertend, nicht auf die ganze Person und deren Gesamtverhalten, sondern konkret auf begrenztes, beobachtetes Verhalten bezogen.

Die Angemessenheit des Feedbacks, d. h., dass die Bedürfnisse und Sichtweisen des Empfängers berücksichtigt werden, erleichtert es, das

Gesagte zu akzeptieren. Entwicklungspotenziale sollten wesentlich in den veränderbaren Verhaltensweisen aufgezeigt werden (s. o.), um hiermit ein Verständnis für das Feedback an sich zu schaffen. Feedback ist nicht moralisch wertend, nicht verallgemeinernd und nicht interpretierend.

Beachtet und kommuniziert werden sollte, dass sich das Feedback nur auf die Beobachtungen aus der Situationsanalyse bezieht, also auf eine begrenzte Zeit und spezifische Situationen. Insofern ist es sinnvoll, die einzelnen beobachteten Dimensionen zum Verständnis des Kandidaten zu erläutern. Hier sollte nur das tatsächlich beobachtete Verhalten beschrieben werden, d. h. nur das, was als gezeigtes Verhalten sichtbar wurde.

Werkzeug „Ich-Botschaft"

Dadurch, dass Sie regelmäßig Ich-Botschaften verwenden, gestalten Sie das Feedback einfach und doch wirkungsvoll.

Die folgenden drei Kennzeichen charakterisieren eine Ich-Botschaft:

- beobachtetes Verhalten beschreiben
- eigene Interpretationen und Gefühle darstellen
- mögliche Folgen und Konsequenzen aufzeigen

Wer nach diesen Regeln verfährt, gibt als Coach im Anschluss an die Beobachtung eines Coachees im Mitarbeitergespräch z. B. nicht die Rückmeldung:

„Sie sind ein ziemlich agressiver Mensch ..."

Denn dieses Feedback brächte den Coachee recht schnell in eine Verteidigungshaltung, da er ja indirekt angegriffen wird. Er würde die Aussage letztlich wohl nicht akzeptieren, geschweige denn sein Verhalten überdenken.

„Als Ihr Mitarbeiter sich zum Gespräch an den Tisch setzte, war Ihr erster Satz: ‚Was haben Sie sich denn da wieder geleistet!' Dabei war

Ihre Stimme lauter als sonst und Ihre Ellbogen waren auf den Tisch gestützt. Dieses Verhalten könnte bei Ihrem Gegenüber als aggressiv gewirkt haben. So ließe sich erklären, dass er mit leiser Stimme und einem zum Boden gewandten Blick antwortete. Mögliches Ergebnis kann die Demotivation des Mitarbeiters und eine Verringerung der Arbeitsleistung in den kommenden Tagen sein."

Das hier erwähnte Feedback eröffnet den Raum für eine offene Diskussion, da Verhaltensbeobachtung und Interpretation klar voneinander abgetrennt sind.

„Der Königsweg des Feedbacks geht noch weiter, indem durch geschickte Fragestellungen auf mögliche Kommunikationsfehler aufmerksam gemacht wird", erläutert Mike Hanke seinem Trainee.

„Ich möchte Ihnen ein Beispiel geben, in dem zuerst die Verhaltensbeobachtung dargestellt wird:

Coach:

> *„Als Ihr Mitarbeiter sich zum Gespräch an den Tisch setzte, war Ihr erster Satz, was er sich denn da wieder geleistet habe! Dabei war Ihre Stimme lauter als sonst und Ihre Ellbogen waren auf den Tisch gestützt. Wie hat Ihr Gegenüber darauf reagiert?"*

Coachee:

> *„Na ja, er sackte ziemlich in sich zusammen und schaute mir nicht mehr in die Augen."*

Coach:

> *„Und wie wird er sich dabei gefühlt haben?"*

Coachee:

> *„Meine Aggression hat ihn eventuell verunsichert und demotiviert..."*

Coach:

> *„In welche Richtung kann dies seine Arbeitsleistung beeinflussen?"*

Coachee:

„Vermutlich wird sich seine Arbeitsleistung zunächst einmal verringern."

Coach:

„Und was würden Sie nächstes Mal anders machen?"

Im Anschluss an dieses Beispiel lassen sich mit dem Coachee Fragen der künftigen Verhaltensveränderung diskutieren und später in einem Einzeltraining festigen."

Marc-Phillip hört interessiert zu und nimmt sich vor, diese Art des Feedbacks abends einmal im privaten Bereich anzuwenden, um es einzuüben und festzustellen, wie der Studienfreund reagiert, mit dem er sich zum Tennisspielen verabredet hat und der vermutlich wieder einmal zu spät kommen würde: „Also, die letzten drei Male, als wir verabredet waren, kamst du mindestens 15 Minuten später als zuvor vereinbart ..."

Das JOHARI-Fenster

Das JOHARI-Fenster, benannt nach den Autoren Joe Luft und Harry Ingham, teilt das Verhalten eines Menschen in vier Bereiche. Diese Bereiche ergeben sich aus der Kombination von Selbst- und Fremdwahrnehmung. Dieses Modell bietet dem Coach eine gute Möglichkeit, Kommunikation bewusster zu gestalten und Reaktionen des Coachees besser abzuschätzen. Aus diesem Grund bietet es sich an, es auch dem Coachee gegenüber transparent zu machen.

Die vier Bereiche, in die das JOHARI-Fenster das Verhalten eines Menschen einteilt sind:

- Die öffentliche Person
- Der blinde Fleck
- Die Privatperson
- Unbekanntes

Die folgende Abbildung veranschaulicht dies:

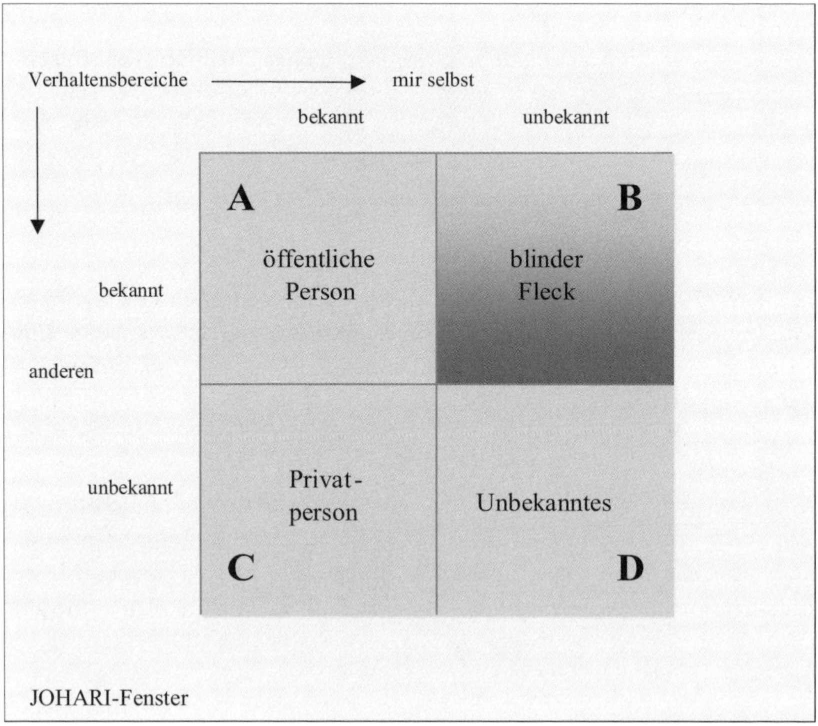

Abbildung: Das JOHARI-Fenster

Quadrant A

Bei diesem Bereich handelt es sich um die öffentlichen Aktivitäten einer Person. In diesem Bereich spielt sich der freie und offene Austausch von Informationen und beobachtbaren Verhaltensweisen ab. Steigt das Vertrauen zu Dritten, wird dieser Bereich größer. Handlungen und Verhaltensmuster sind also der Person selbst, aber auch Dritten bekannt. Es gibt keine Geheimnisse.

Beispiel:
Der Coachee ist sich bewusst, dass er das Thema Kostenrechnung sehr gut beherrscht und weiß, dass er diesbezüglich eine gute Reputation im Unternehmen hat.

Quadrant B

Hier liegt der „blinde Fleck". Dabei handelt es sich um einen Teilaspekt des Verhaltens einer Person, der zwar für Dritte sicht- und erkennbar ist, der betroffenen Person dagegen nicht bewusst ist. Er enthält Informationen, von denen der Coachee nichts weiß. Der Coach wiederum erkennt diese Verhaltensweisen.

Beispiel:
Im Gespräch mit Mitarbeitern verhält sich der Coachee arrogant und oberlehrerhaft. Dies lässt sich aus Verhaltensbeobachtungen ableiten. Ihm ist jedoch nicht bewusst, dass sein Verhalten von seinen Mitarbeitern in dieser Form interpretiert wird.

Quadrant C

In diesem „privaten" Bereich sind Handlungen und Verhaltensmuster angesiedelt, die nur der Person selbst bekannt sind. Dritten werden diese Informationen nicht mitgeteilt. Sie bleiben privat. Die jeweiligen Informationen werden aus den verschiedensten Gründen geheim gehalten.

Beispiel:
Aus Angst, es könne zu seinem Nachteil sein, gibt der Coachee seinem Vorgesetzten nicht weiter, dass er im Rahmen seines nebenberuflichen Studiums eine Klausur nicht bestanden hat.

Quadrant D

In diesem Bereich sind die Vorgänge und Aktivitäten verborgen, die weder der Person selbst noch Dritten bekannt sind. Dazu zählen unbewusste Motive für Verhalten, wie z. B. besonders aggressives Auftreten, dessen Ursache in einer starken Verunsicherung liegen kann.

Es ist das Ziel eines Coachingprozesses, den Bereich des „blinden Flecks" zu verkleinern. Dies geschieht, indem im Laufe des Coachingprozesses nach und nach Teilaspekte dieses Fensters durch systematische Feedbacks geöffnet und thematisiert werden.

Zu Beginn des Caochings wird das JOHARI-Fenster eines Coachees vermutlich etwa so aussehen:

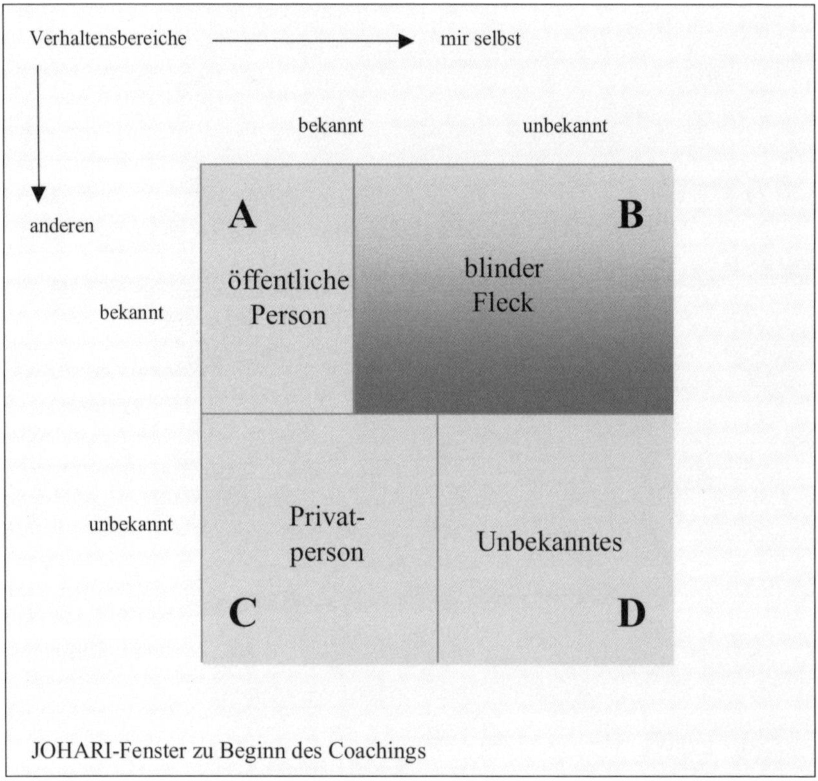

Abbildung: JOHARI-Fenster eines Coachees zu Beginn des Caochings

Der blinde Fleck nimmt in diesem Beispiel einen vergleichsweise großen Raum in Anspruch. Ursache des großen „blinden Flecks" ist, dass bislang Feedbacks zu spezifischen Verhaltensweisen des Coachees noch nicht stattgefunden haben. Dem Coachee ist nicht bewusst, wie seine Verhaltensmuster auf Dritte wirken.

Nach dem Feedback des Coaches wird sich das JOHARI-Fenster verändert haben:

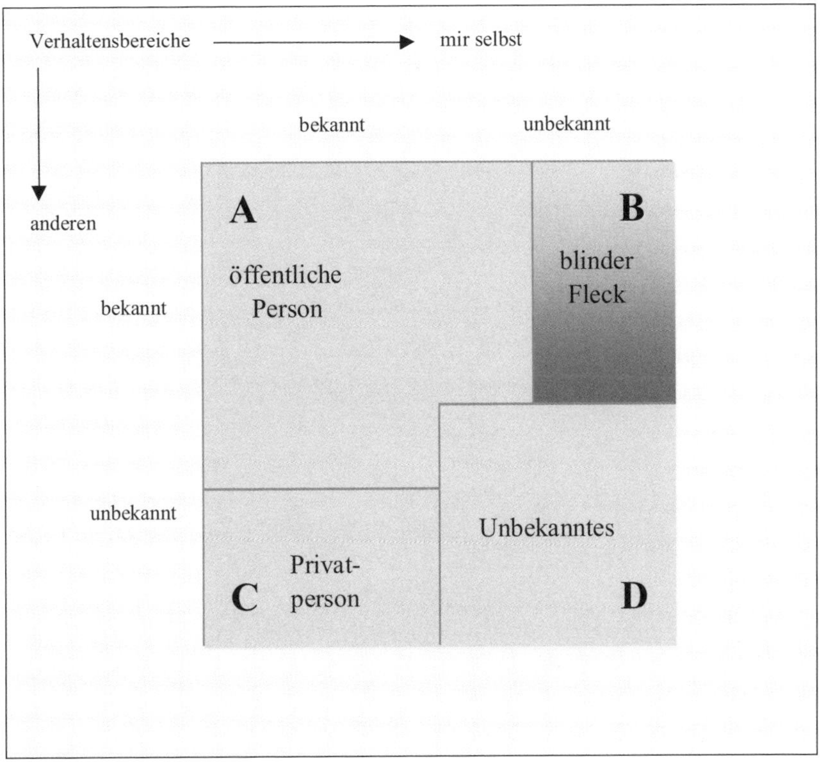

Abbildung: Veränderung der Bereiche durch Feedback

Das Feedback des Coaches beinhaltet die Chance für den Coachee, den Bereich des blinden Fleckes zu verkleinern, indem ihm das Denken seiner Umgebung über sein Verhalten offen gelegt wird. Der Quadrant C: „private Person" wird ebenfalls verkleinert, wenn der Coachee bisher nicht veröffentlichte Erlebnisse mit dem Coach teilt und dessen Rat einfordert.

Mike Hanke hat ein Beispiel parat. Jüngst fragte er seinen unter häufigen Magenkrämpfen leidenden Coachee, welche Motive dieser eigentlich für seine Karriere habe. Erst am dritten Coachingtag gestand dieser, es seien in erster Linie die Erwartungen seiner Familie – früher die der Eltern, jetzt die der Ehefrau –, die ihn zu dieser Leistungsorientierung antrieben. Das Fenster C öffnete sich nach A hin und konnte somit Gegenstand des Veränderungsprozesses werden.

Durch geschickte Fragestellungen ermuntert der Coach den Coachee zur Bereitschaft, sich so weit zu öffnen, dass dieser relevante Informationen für den Coachingprozess einbringen kann. Je mehr diese bedeutungsvollen Informationen offenkundig werden, desto besser kann der Coachee sein Arbeitsverhalten ändern und optimieren und seine Verhaltens- und Handlungsweisen bewusst wahrnehmen. Gleichzeitig lernt er zu begreifen, welche Emotionen sein Verhalten bei Dritten auslöst, und förderliche und schädliche Handlungs- und Verhaltensmuster bei sich selbst zu unterscheiden.

Werkzeug „Transaktionsanalyse“

Die Transaktionsanalyse (TA) wurde 1975 von E. Berne mit dem Ziel entwickelt, Kommunikationsvorgänge zwischen Menschen zu analysieren. Die Kommunikationsvorgänge bezeichnet Berne als Transaktionen.

Die TA kann für den Coach ein wichtiges Hilfsmittel sein, produktivere Beziehungen zu seinem Coachee aufzubauen und bewusst Veränderungen im Verhalten in Gang zu setzen. Weiterhin kann sie nach Ablauf des Coachingprozesses sehr gut vom Coachee zur Überprüfung des eigenen Verhaltens z. B. gegenüber Mitarbeitern adaptiert werden.

Ziele der Transaktionsanalyse

Das erste von drei Zielen, welche die Transaktionsanalyse verfolgt, ist **Selbsterkenntnis über eigene Verhaltensmuster** zu erlangen. Das Verhalten einer Führungskraft wird von Wertvorstellungen, Prinzipien und Normen beeinflusst. Kritik an dem Fehlverhalten von Mitarbeitern wird häufig von den individuellen Normen der Führungskraft beeinflusst. Das kann sich in Anweisungen wie z. B. „Mach keinen Fehler!“ oder „Hör auf mich!“ äußern. Die Verhaltensnormen der Führungskraft wirken sich dann auf den Mitarbeiter negativ aus, wenn er keine Chance bekommt, aus seinen Fehlern zu lernen oder seine Schwächen auszugleichen.

Das nächste Ziel der TA ist **Beziehungen bewusster zu gestalten**. Automatisierte Verhaltensmuster, die ihre Ursache in gelernten Normen haben, etwa: „Ich muss besser sein als die anderen!", führen dazu, dass Handlungen unbewusst ablaufen. Das Verhalten einer Führungskraft einem Mitarbeiter gegenüber wird somit nicht mehr bewusst gesteuert, sondern aufgrund der gelernten Normen automatisiert. Die TA kann dabei helfen, sich stärker auf die Prozesse im Coachinggespräch zu konzentrieren, um sich bewusster zu verhalten.

Schließlich soll **autonomes Verhalten** entwickelt werden. Die TA kann hilfreich sein, die Beziehung zwischen Führungskraft und Mitarbeiter auf die Basis „Ich bin o.k. – du bist o.k.!" zu stellen. Diese Grundeinstellung führt zu effektiven Verhaltensweisen beider Gesprächspartner. Nur so können vertrauensvolle Beziehungen aufgebaut und die Fähigkeit entwickelt werden, zu delegieren bzw. Mitarbeitern die Chance zu geben, Aufgaben autonom zu erledigen.

Ich-Zustände

E. Berne nimmt in Anlehnung an Freud eine Teilung der Persönlichkeit in drei Ich-Zustände vor. Kommunikationspartner befinden sich im Verlauf eines Gesprächs stets in einem davon.

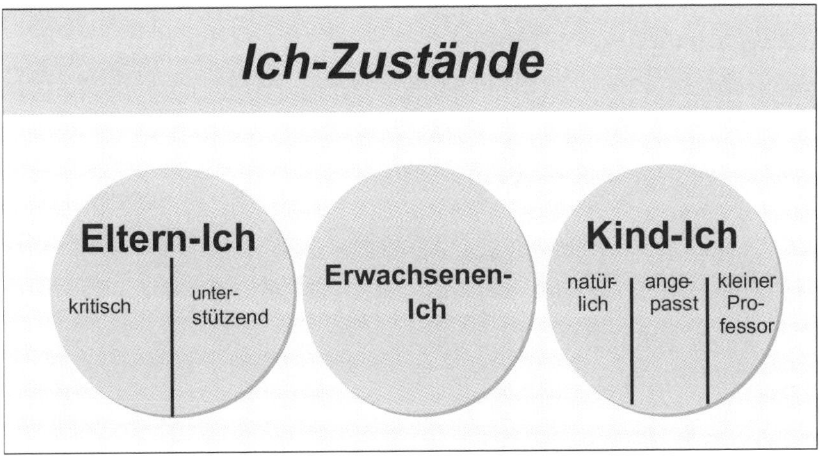

Abbildung: Ich-Zustände

Das **Eltern-Ich** beinhaltet Einstellungen, Tabus, Gruppen- und Gesellschaftsnormen, Gebote und Verbote und Verhaltensweisen, die ungeprüft von den Eltern übernommen wurden.

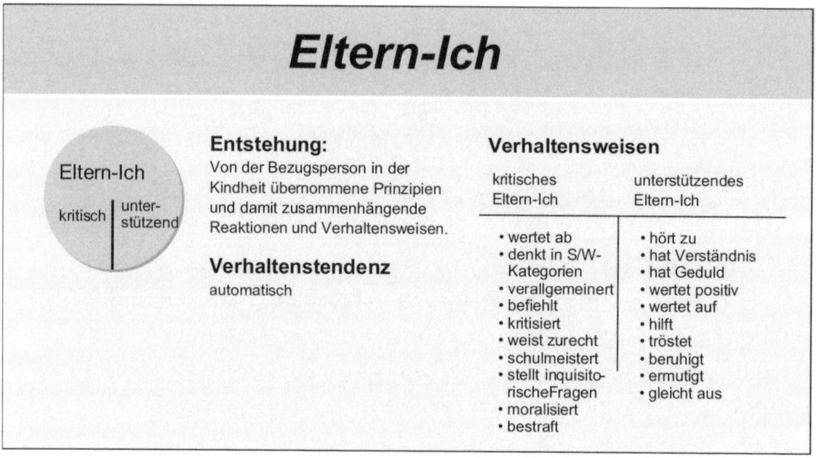

Abbildung: Das Eltern-Ich

Es werden zwei Verhaltensmuster des Eltern-Ichs unterschieden, das kritische und das unterstützende Eltern-Ich.

Das kritische Eltern-Ich zeigt sich in korrigierendem und belehrendem Verhalten. Das unterstützende Eltern-Ich hingegen ist fürsorglich gegenüber anderen. Dies drückt sich in beschützendem und betreuendem Verhalten aus.

An folgenden nonverbalen Verhaltensmustern ist das kritische Eltern-Ich zu erkennen:

- an dem ausgestreckte Zeigefinger und an den gerunzelten Brauen
- an den Stirnfalten
- an dem „entsetzten Augenaufschlag" oder den vor der Brust verschränkten Armen

Beispiele für verbale Reaktionen aus dem kritischen Eltern-Ich sind:

- „Du musst immer daran denken, dass ..."

- „Du darfst nie vergessen, dass ...“
- „Wie oft habe ich Ihnen schon gesagt, dass ...“
- „Wenn ich nicht wäre, ...“

Beispiele für das unterstützende Eltern-Ich könnten sein:

- „Machen Sie sich keine Gedanken, ich werde Ihnen bei der Aufgabe helfen!“
- „Lassen Sie uns gemeinsam überlegen, wie wir eine Lösung finden.“

„Zu dem kritischen Eltern-Ich fällt mir ein Beispiel aus einem Coaching ein“, berichtet Hanke. „Ein Coachee, der Führungskraft in einer kommunalen Behörde ist, beschrieb mir, dass er keine verlässlichen Mitarbeiter habe und alles selbst machen müsse. Hat er dann einmal einen Auftrag an einen Mitarbeiter vergeben, so kam er nicht in der geforderten Qualität zurück. Mittlerweile bleibe ihm nichts anderes mehr übrig, als jedes Detail vorzugeben, sehr strenge Dienstaufsicht zu führen und genau auf die Mitarbeiter zu achten. Ich schaute mir sein Verhalten „on the job“, also am Arbeitsplatz, an und stellte sehr schnell fest, dass diese Führungskraft seine Mitarbeiter fast nur aus dem kritischen Eltern-Ich führte. Als ich ihm dies bewusst gemacht hatte, musste er schmunzeln und wir entwickelten gemeinsam das Alternativkonzept des Erwachsenen-Ichs.“

Das **Erwachsenen-Ich** steht für Rationalität, Sachlichkeit und Problemlösen. Es ist unabhängig vom Alter der Person zu verstehen. Es sammelt Daten und Fakten und verarbeitet sie weitgehend unabhängig von persönlichen Sichtweisen. Eine Aufgabe des Erwachsenen-Ichs ist die Vermittlung zwischen dem Eltern- und dem im Anschluss beschriebenen Kind-Ich. Gegenüber dem Eltern-Ich hat es die Aufgabe, dort abgelegte Normen daraufhin zu prüfen, ob diese verändert werden müssen, um das Verhalten zu ändern.

Reagiert eine Person aus dem Erwachsenen-Ich, wird sie vor allem offene Fragen stellen: wie, warum, weshalb, wo usw. Bei der nonverbalen Kommunikation drückt sich das Erwachsenen-Ich vor allem durch Ruhe und ausgeglichene Körperbewegungen aus. Informationen werden hier vor allem auf der Sachebene ausgetauscht.

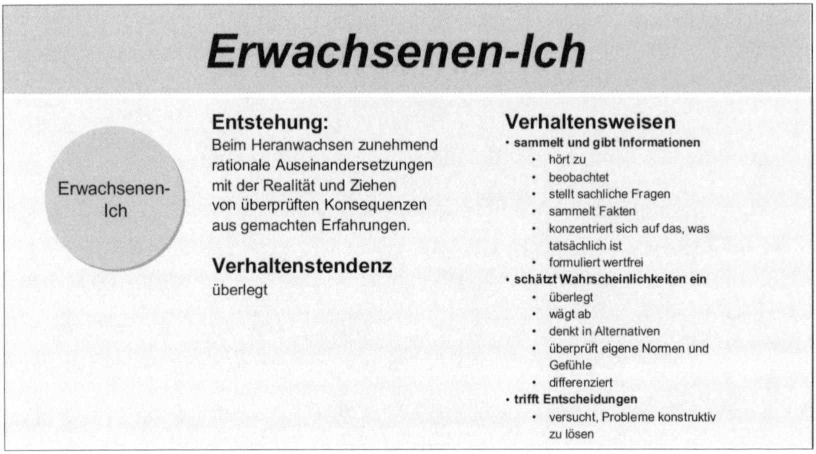

Abbildung: Das Erwachsenen-Ich

Hieran ist das Erwachsenen-Ich zu erkennen:

- offener Gesichtsausdruck
- direkt dem Gesprächspartner zugewandte Körperhaltung
- bewegte Körperhaltung

Beispiele für Äußerungen aus dem Erwachsenen-Ich sind:

- „Warum wurde das Budget bei dem Auftrag überschritten?“
- „Ich meine, dass ...“
- „Ich finde, dass ...“

Die Kommunikation aus der Ebene des Erwachsenen-Ichs heraus stellt den effektivsten Kommunikationsweg dar.

Das **Kind-Ich** wird von sehr frühen Kindheitserfahrungen geprägt. Es sind darin z. B. unsere Wünsche, Bedürfnisse und Gefühle enthalten. Zwar sollte man das Kind-Ich nicht mit „kindlich“ vergleichen, doch äußern sich einige Verhaltensweisen in einer Art, wie sie bei Kindern beobachtet werden können. Das sind z. B. Trotz, Angst, Spontaneität, Begeisterung oder Kreativität.

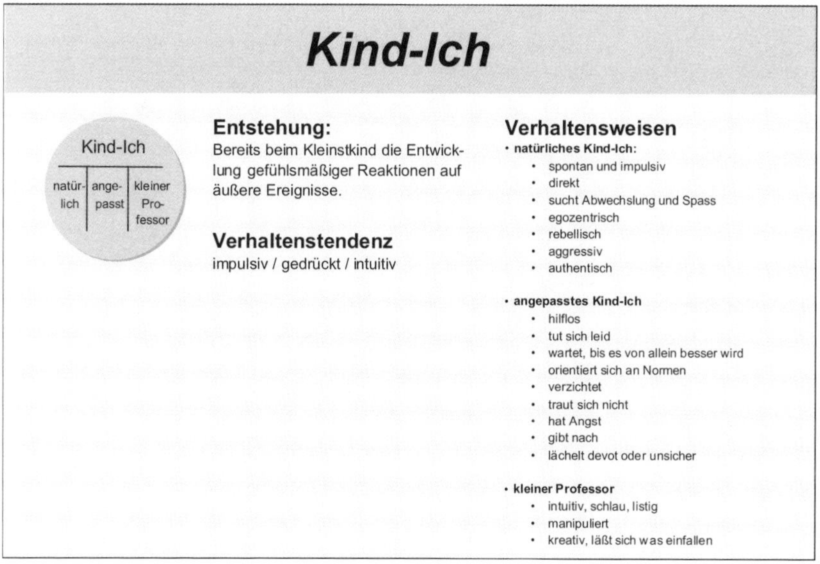

Abbildung: Das Kind-Ich

Kinder reagieren natürlich, angepasst oder intuitiv. Daher unterscheidet die Transaktionsanalyse im Kind-Ich drei Ausdrucksformen:

Das **natürliche Kind-Ich**. Reaktionen und Gefühle aus diesem Ich-Zustand werden unzensiert und unkontrolliert geäußert. „Mir macht es Spaß, heute mit dir zu arbeiten!" ist eine Reaktion aus dem natürlichen Kind-Ich.

Das **angepasste Kind-Ich**. Eine Person, die sich im Zustand des angepassten Kind-Ichs befindet, versucht, möglichst nicht aufzufallen. Sie tut das, was andere von ihr erwarten. Ihr Verhalten ist passiv.

Der **kleine Professor**. Dies ist der „Pfiffikus" im Kind-Ich. Dieser Teil ist für das schlagartige, intuitive Begreifen verantwortlich. Hierin sind auch Verhaltensweisen von Personen begründet, die durch Kreativität andere zu beeinflussen versuchen. „Wenn wir gemeinsam das Umsatzziel erreichen, werden wir vom Hersteller zu einer Betriebsbesichtigung eingeladen" – so könnte eine Reaktion aus dem „kleinen Professor" aussehen.

Übergreifend ist das Kind-Ich u. a. an folgenden Verhaltensweisen zu erkennen:

- Tränen
- Schmollen
- Wutanfälle
- Kichern

TRANSAKTIONEN

Kommunizieren Menschen mit ihren unterschiedlich ausgeprägten Ich-Zuständen miteinander, finden Transaktionen statt. Man unterscheidet parallele oder gekreuzte Transaktionen von oben nach unten oder auf gleicher Ebene. Kommen sie oben aus dem Eltern-Ich, erreichen sie beim Kommunikationspartner häufig das angepasste oder natürliche Kind-Ich.

Die folgende Abbildung veranschaulicht eine parallele Transaktion:

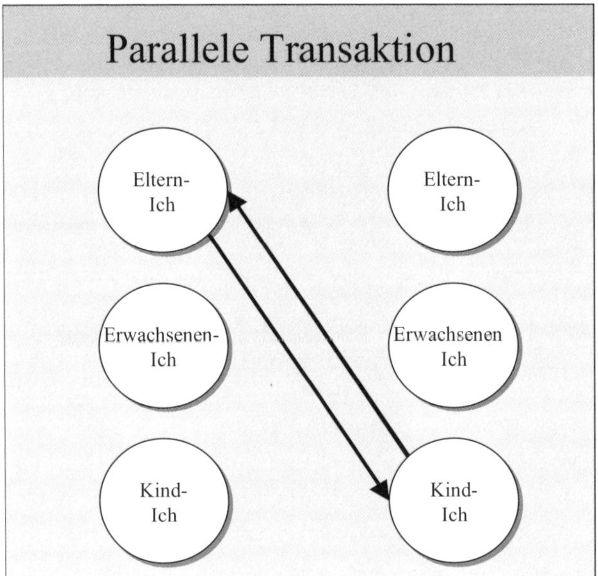

Abbildung: Parallele Transaktion von oben nach unten

Beispiel:
Der Abteilungsleiter sagt zu seinem Mitarbeiter: „Herr Meier, räumen Sie sofort das Lager auf!“ Antwortet Herr Meier z. B. darauf: „Mach ich, bin schon unterwegs“, liegt eine parallele Transaktion von „oben“ nach „unten“ vor.

Solche Kommunikationsbeziehungen können überdauernd und stabil sein. Keinesfalls jedoch dokumentieren sie einen Dialog unter Gleichberechtigten, sondern eher eindeutige Abhängigkeitsverhältnisse.

Reagiert Herr Meier jedoch anders und sagt: „Das geht jetzt nicht, ich habe noch einen Kunden“, kommt es zu einer gekreuzten Transaktion, also zu einer Konfliktsituation.

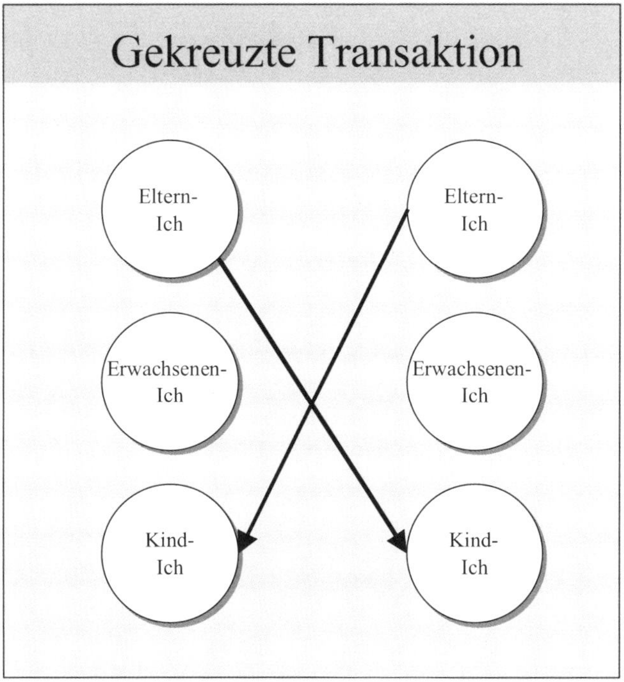

Abbildung: Gekreuzte Transaktion

Um Konfliktsituationen wie diese zu vermeiden, sollte das Gespräch gleich auf der Erwachsenen-Ich-Ebene begonnen werden. Der Dialog könnte wie folgt aussehen: „Herr Meier, morgen um 14 Uhr kommt der Regionalleiter und möchte sich Ware aus dem Lager abholen. Das Lager muss dann aufgeräumt sein. Es ist jetzt schon gleich Feierabend. Wollen Sie heute noch hier bleiben und aufräumen oder passt es Ihnen besser, wenn Sie morgen etwas früher kommen?"

Jetzt kann der Mitarbeiter selbst entscheiden, ob er heute länger bleibt oder morgen früher kommt, um seine Arbeit zu erledigen. Ihm werden Alternativen eröffnet: Er kann eigenverantwortlich handeln. Dies ist praktizierte Selbstbestimmung, die zu Engagement führt, und nicht Fremdbestimmung, die bei Meinungsverschiedenheiten meist mit Frustration endet. Diese wünschenswerte Form der Kommunikation lässt sich folgendermaßen schematisieren:

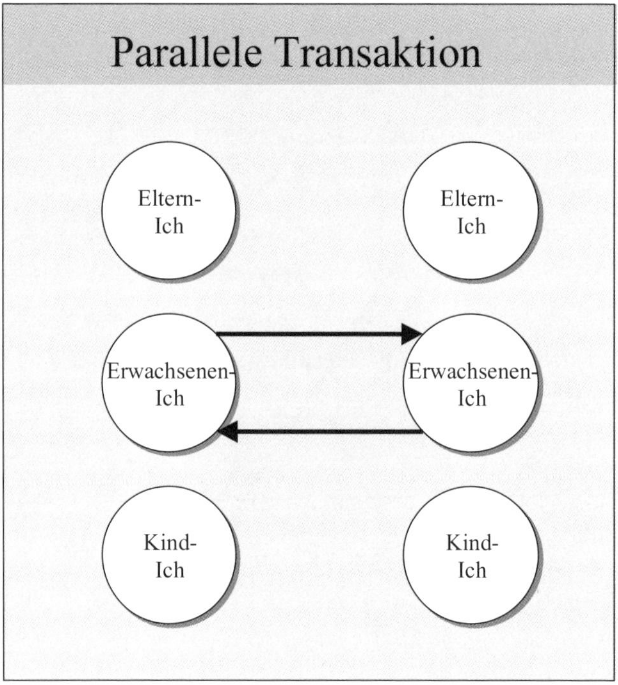

Abbildung: Parallele Transaktion auf gleicher Ebene

Der Coach sollte sich stets seines „Ich-Zustandes" bewusst sein. Bevorzugt sollte er sich auf der Ebene des Erwachsenen-Ich befinden. Vom

Coachee kann dieses Bewusstsein nicht von Anfang an erwartet werden. Sukzessive sollte ihm das Transaktionsmodell vor Augen geführt werden. Dabei sollte der Coachee erkennen, welche Vorteile es hat, wenn das Kommunikationsmuster des „Erwachsenen-Ich" verwirklicht wird.

Hier nun ein kurzer Test, mit dessen Hilfe Sie feststellen können, welcher Ich-Zustand Ihr Verhalten und Ihre Reaktionen im Umgang mit Menschen dominiert. Je spontaner Ihre Antwort ist, um so genauer fällt das Ergebnis aus.

1	Ich bin impulsiv	JA ☐	NEIN ☐
2	Es macht mir nichts aus, alleine zu sein	JA ☐	NEIN ☐
3	Ich halte die Berufe für die wertvollsten, in denen Menschen geholfen wird	JA ☐	NEIN ☐
4	Ich halte mich für flexibel	JA ☐	NEIN ☐
5	Ich bin der Ansicht, dass man gewisse Berufstraditionen in der Familie aufrechterhalten soll	JA ☐	NEIN ☐
6	Es fällt mir nicht schwer, Entscheidungen zu treffen	JA ☐	NEIN ☐
7	Meist bekomme ich von anderen das, was ich von ihnen haben möchte	JA ☐	NEIN ☐
8	Ich erröte leicht	JA ☐	NEIN ☐
9	Ich stehe immer auf der Seite der Schwächeren	JA ☐	NEIN ☐
10	Ich bin der Meinung, dass Kinder ihren Eltern Respekt entgegenbringen müssen	JA ☐	NEIN ☐
11	Es fällt mir leicht, in öffentlichen Veranstaltungen das Wort zu ergreifen	JA ☐	NEIN ☐
12	Ich habe die Tendenz, mich der Meinung anderer anzuschließen	JA ☐	NEIN ☐
13	In Stresssituationen bleibe ich ruhig	JA ☐	NEIN ☐
14	Ich halte an Brauchtum, Traditionen und Ritualen fest	JA ☐	NEIN ☐

15	Ich wähle immer den leichtesten Weg, um zum Ziel zu gelangen	JA ☐	NEIN ☐
16	Ich liebe Musik	JA ☐	NEIN ☐
17	Ich bin immer voller neuer Ideen	JA ☐	NEIN ☐
18	Die Meinung anderer Leute akzeptiere ich nicht vorbehaltlos	JA ☐	NEIN ☐
19	Es fällt mir leicht, andere Menschen zu trösten	JA ☐	NEIN ☐
20	Ich bin der Meinung, dass meine Ausbildung noch nicht abgeschlossen ist, und versuche deshalb, mich ständig weiterzubilden	JA ☐	NEIN ☐
21	Ich kann meine Gefühle immer kontrollieren	JA ☐	NEIN ☐
22	Ich glaube, dass Erfolg im Leben sich nur durch harte Arbeit einstellt	JA ☐	NEIN ☐
23	Ich bin dafür, dass man Sexprobleme offen diskutiert	JA ☐	NEIN ☐
24	Ich habe Mitleid mit Menschen, die sich in Schwierigkeiten befinden	JA ☐	NEIN ☐
25	Ich halte mich für egozentrisch	JA ☐	NEIN ☐
26	Ich neige dazu, Unangenehmes aufzuschieben	JA ☐	NEIN ☐
27	Ich bin der Meinung, dass die Frau zu den Kindern ins Haus gehört	JA ☐	NEIN ☐
28	Ich fahre gerne schnell	JA ☐	NEIN ☐
29	Es fällt mir leicht, mich zu beherrschen	JA ☐	NEIN ☐
30	Ich bin der Meinung, dass jedermann trotz eines Fehlschlags eine zweite Chance verdient	JA ☐	NEIN ☐

Auswertung des Kurztests:

So stellen Sie fest, wie stark Ihr Eltern-Ich ausgeprägt ist: Addieren Sie die Ja-Punkte, die Sie den Aussagen Nr. 3, 5, 9, 10, 14, 19, 22, 24, 27 und 30 gegeben haben.

Ergebnis Eltern-Ich: Punkte

So stellen Sie fest, wie stark Ihr Erwachsenen-Ich ausgeprägt ist: Addieren Sie die Ja-Punkte, die Sie den Aussagen Nr. 2, 4, 6, 11, 13, 18, 20, 21, 23 und 29 gegeben haben.

Ergebnis Erwachsenen-Ich: Punkte

So stellen Sie fest, wie stark Ihr Kind-Ich ausgeprägt ist: Addieren Sie die Ja-Punkte, die Sie den Aussagen Nr. 1, 7, 8, 12, 15, 16, 17, 25, 26 und 28 gegeben haben.

Ergebnis Kind-Ich: Punkte

Übersteigt eine Punktsumme die übrigen um mehr als zwei Punkte, sind Ihre Urteile, Entscheidungen, Empfindungen, Ihr Verhalten und Ihr Umgang mit Menschen generell aus diesem Ich-Zustand dominiert.

Das bedeutet nicht, dass die beiden anderen Ich-Zustände ohne Einfluss sind. Alle drei zusammen bestimmen – je nach Situation – Ihr tägliches Verhalten.

Ist ein Ich-Zustand extrem schwach ausgeprägt oder fehlt er ganz, sollten Sie darüber nachdenken, sich damit auseinanderzusetzen und mögliche Defizite herauszufinden und dann bewusst daran zu arbeiten.

Nur der Coach, der auf der Erwachsenen-Ebene agiert, wird in der Lage sein, seinen Coachee in eben dieser zu halten. Und dies ist die unabdingbare Voraussetzung für den dauerhaften Erfolg in der persönlichen Entwicklung.

Lernen Sie aus den Erfahrungen anderer

Erfahrene Coaches berichten, dass in den unterschiedlichsten Coachings doch immer wieder ähnliche Situationen entstehen. Das können typische Gesprächsverläufe sein oder auch bestimmte Hürden, die im Coachinprozess häufig auftreten. Mit vielen Beispielen und Beispieldialogen lässt Sie dieses Kapitel an den Erfahrungen der „alten Hasen" teilnehmen - und davon profitieren.

Typische Gesprächssituationen

Das GROW-Modell (s. Kapitel „Wie läuft das Coaching ab?", Schritt 3) gibt die Struktur, den roten Faden des Coachingdialogs vor, der sich durch Fragen und Nachfragen auszeichnet. Gerade diese Vorgehensweise soll bei dem Coachee einen Veränderungsprozess auslösen.

Aber Vorsicht: Der Coach sollte nicht gleich fertige Antworten auf offene Fragen geben, selbst wenn der Coachee zunächst keine Antwort weiß. Erst differenziertes Nachfragen gibt dem Coachee die Möglichkeit, sich mit der Thematik weiter auseinanderzusetzen und eigenständige Lösungswege zu erarbeiten.

In dem folgenden Abschnitt werden einige typische Gesprächssituationen skizziert, die in der Praxis immer wieder vorkommen. Je genauer der Coach solche Situationen erkennt, desto effizienter kann er den Coachee unterstützen.

Ungenaue Schilderungen konkretisieren

Im Gespräch mit dem Coachee werden Situationen und Fakten zur Sprache kommen, die von ihm auch bewertet werden. Immer dann, wenn Situationen und Fakten nicht vollständig verstanden wurden oder beim Coachee Unsicherheiten auslösen, wird es zu nebulösen Fragen und Formulierungen kommen: „Das ist mir noch unklar!“, oder: „Ist denn das überhaupt machbar?“.

Je konkreter es dem Coach nun gelingt, den Dialog mit dem Coachee aus dem Nebulösen in das Faktische zu manövrieren, desto eher gelingt es ihm, auch Erkenntnisprozesse beim Gesprächspartner auszulösen.

Beispielsweise könnte der Coach auf die oben geschilderte Reaktion folgendermaßen nachfragen: „Was meinen Sie damit genau? – Was genau ist Ihnen unklar? – Was bedeutet das für Sie? – Warum, glauben Sie, ist das nicht machbar?“

Verallgemeinerungen auflösen

Einen Veränderungsprozess wird der Coach bei seinem Coachee nur dann erreichen, wenn negative Verhaltensmuster konkret angesprochen und umsetzbare Lösungsschritte, nach denen das alte Verhaltensmuster nun abgelegt werden kann, erarbeitet werden.

Um dieses Ziel zu erreichen, müssen eine Vielzahl von Beobachtungen sehr konkret in dem Gespräch angesprochen werden. Gerne vermeiden Menschen jedoch eine konkrete Auseinandersetzung mit ihrem Verhalten und versuchen, sich durch Verallgemeinerungen aus der Affäre zu ziehen.

Das wird deutlich an Formulierungen wie z. B.: „Das sehen doch die meisten so. – Alle denken so. – Viele handeln so – Das ist üblich und wird überall so gemacht.“

An diesen Aussagen kann man erkennen, dass der Coachee noch über keine alternativen Lösungsansätze verfügt und sich mit diesem Thema wenig auseinandergesetzt hat.

Fragen, mit denen der Coach seinem Coachee den Blick für Alternativen öffnet, könnten so aussehen: „Ist das wirklich überall so? – Warum ist es überall so? – Gilt das für jeden Fall? – Wie könnte man es möglicherweise sonst noch sehen, bewerten und entscheiden?“

Vergleiche konkretisieren

Kommen neue Aufgaben auf einen Menschen zu, nutzt er gerne den Vergleich mit bekannten Lösungsmustern aus der Vergangenheit.

Hat er eher schlechte Erfahrungen mit diesen Lösungsmethoden gesammelt, wird er tendenziell eher dazu neigen, diese negativen Erfahrungen auf neue Situationen zu übertragen. Diese Verhaltensmuster sind an folgenden Formulierungen zu erkennen: „Das ist doch bisher noch nie so gegangen. – Das haben andere auch schon versucht und es hat auch nicht geklappt. – Das Problem ist tatsächlich gar nicht zu lösen.“

Hier hilft gezieltes Nachfragen des Coaches: „Was ging denn genau nicht? – Woran lag es? – Warum ist das in der damaligen Situation nicht möglich gewesen?“

Durch konsequentes Nachfragen in diesen Situationen hilft der Coach, neue, alternative Lösungsmuster zu entwickeln.

Vorurteile überprüfen

Gerade im Team soll und darf ein einzelnes Teammitglied eine Aufgabe nicht ausschließlich alleine lösen, sondern sollte mit anderen zusammen einen Lösungsweg beschreiten.

Häufig entwickelt sich hier bei einigen Menschen Widerstand. Das zeigt sich in Formulierungen wie: „Das macht der doch nicht mit. – Der hat doch ganz andere Ansichten. – Der will doch nicht.“

Häufig handelt es sich um nicht begründete Vorurteile. Im Gespräch mit den Coachees soll erreicht werden, dass die Betroffenen ihre Vorurteile erkennen und zu realistischen Bewertungen kommen.

Folgende Fragen helfen hier: „Was können Sie tun, damit der andere mitmacht? – Wieso sind Sie überzeugt, dass der andere hier nicht mitmachen wird?“

Hemmschuhe auflösen

Hemmschuhe in dem Kommunikationsprozess sind „Killerphrasen“ mit Aussagen wie: „Das ist unmöglich, das ging noch nie, das kann man gar nicht schaffen.“

Diese Blockaden müssen durch Nachfragen aufgelöst werden: „Was sollte passieren, damit das Problem gelöst werden kann? – Was müssen Sie können, um das Problem zu lösen? – Was genau ist es, was das Problem nicht lösbar macht?“

Durch konsequentes Nachfragen kann es passieren, dass der Dialog die Gestalt eines Verhörs annimmt. Das passiert vor allem dann, wenn eine Vielzahl von Fragen unmittelbar nacheinander gestellt werden. Dies darf nicht passieren. Vielmehr sollte der Coach durch Wortwahl, Fragestil und Fragefrequenz stets um das Aufrechterhalten des Vertrauensverhältnisses mit seinem Coachee bemüht sein.

Beispieldialoge

„In einem fiktiven Dialog möchte ich Ihnen exemplarisch den Ablauf eines Coachings darstellen. Der Hergang ist natürlich sehr verkürzt dargestellt“, sagt Mike Hanke.

„Guido Köster ist Key-Account-Manager eines mittelständischen Unternehmens in der Dienstleistungsbranche. Er hat eine rasante Karriere hinter sich. Derzeit stagniert sein berufliches Fortkommen. Der Job macht ihm keinen richtigen Spaß mehr und Köster führt dies u. a. auf seine physische Konstitution zurück, die in den vergangenen Jahren stark gelitten hat. Er möchte als aktionales Teilziel zumindest dieses Problem angehen.

Er ist Mitte 40 und wurde in den letzten Monaten fülliger um die Hüften. Das Treppensteigen gelang ihm nach dem Mittagessen längst nicht mehr so gut wie früher und außer Puste ließ sich die Verkaufsverhandlung zunächst nur schlecht fortsetzen. Kürzlich nahm er sich vor, sich mit dem Essen etwas einzuschränken und Sport zu treiben. Bei dem Vorsatz blieb es jedoch bisher.

Guido Köster wendet sich also an unsere Beratung, mit der Bitte, ihn zu coachen. Das Erstgespräch dauerte zwei Stunden.

Robert Göswein (Coach)

Also, Herr Köster, was möchten Sie heute erreichen?

Guido Köster (Coachee)

Na ja, einen Plan, wie ich wieder fitter werde für meinen Job.

Robert Göswein (Coach)

Für wie lange soll der Plan gelten?

Guido Köster (Coachee)

Für eine überschaubare Zeit, denke ich. Ich denke jetzt an ein Programm für ein Quartal. Ich glaube, das ist realistisch.

Robert Göswein (Coach)

Warum möchten Sie dieses Programm zusammenstellen?

Guido Köster (Coachee)

Irgendwie habe ich momentan eine schlechte Konstitution. Das wirkt sich mittlerweile auch auf meinen Job aus. Ich möchte wieder mit Spaß meine Arbeit tun und mich wieder gut fühlen. Karrieremäßig habe ich noch einiges vor.

Robert Göswein (Coach)

Wo möchten Sie denn in fünf Jahren beruflich sein?

Guido Köster (Coachee)

Nun, der Geschäftsführerposten wird dann frei werden. Aber so, wie ich zur Zeit drauf bin, traue ich mir das nicht zu. Da muss sich noch einiges tun, z. B. hinsichtlich meiner physischen Leistungsfähigkeit.

Robert Göswein (Coach)

Wie fit möchten Sie denn werden?

Guido Köster (Coachee)

Ich würde gerne so fünf bis zehn Kilo verlieren und in ein paar Wochen wieder eine halbe Stunde joggen, ohne mich hinterher unwohl zu fühlen.

Robert Göswein (Coach)

Wie viel möchten Sie denn genau wiegen?

Guido Köster (Coachee)

Wenn die drei Monate um sind, möchte ich gerne 80 Kilo wiegen. Das wären dann genau acht Kilo, die ich abnehmen muss.

Robert Göswein (Coach)

Bis zu welchem Tag genau wollen Sie Ihr Ziel erreicht haben?

Guido Köster (Coachee)

Bis zum 31.12. diesen Jahres.

Robert Göswein (Coach)

Heute ist der 1. November. Dann haben Sie genau acht Wochen Zeit, Ihr Ziel zu erreichen.

Guido Köster (Coachee)

Das bedeutet für mich, vier Kilo pro Monat abzunehmen.

Robert Göswein (Coach)

Das müsste zu schaffen sein. Was wollen Sie denn nun tun, um dieses Ziel zu erreichen?

Guido Köster (Coachee)

Ich werde ab sofort jede Woche 15 Kilometer laufen.

Robert Göswein (Coach)

Wie schnell?

Guido Köster (Coachee)

Egal. Für mich ist es erst einmal wichtig durchzuhalten.

Robert Göswein (Coach)

Das ist mir auch egal, wie schnell Sie laufen. Geben Sie sich doch einfach selbst eine Zeit vor!

Guido Köster (Coachee)

Also gut, ich werde die fünf Kilometer in 30 Minuten laufen.

In dieser Phase des Coachings wurden die Ziele definiert. Bei der Formulierung der Ziele für den Coachingprozess ist ein hohes Maß an Unvoreingenommenheit seitens des Coaches erforderlich.

Fragen sollte er so formulieren, dass der Coachee zu einer sachlichen Antworten veranlasst wird. Die Frage „Welche Ereignisse waren für Ihre Entscheidung ausschlaggebend?" führt zu einer genaueren Antwort als: „Warum haben Sie das getan?" Die Gefahr, dass sich der Coachee hier rechtfertigt und somit in einen unproduktiven Prozess hineinläuft, ist groß.

Ein guter Coach folgt den Gedankengängen seines Coachees, während er gleichzeitig beobachtet, wie diese sich auf das gesamte Thema beziehen. Nur wenn der Coachee sich thematisch zu weit vom eigentlichen Ziel entfernt, sollte der Coach ihn wieder einfangen und das Problem zur Sprache bringen.

Fragen im Coachingprozess

Im Coachingprozess sollten Fragen mit den Fragewörtern WAS, WANN, WO, WER und WIE VIEL eingeleitet werden. WIE und WARUM sollte der Coach sparsam verwenden, da diese Fragestellungen Rechtfertigungen seitens des Coachees hervorrufen können. Der Coach muss besonders aufmerksam zuhören und beobachten, um alle Hinweise auf die Richtung der nächsten Frage wahrzunehmen.

Eine häufig nützliche und realitätsbezogene Frage ist: „Was haben Sie bisher in dieser Sache unternommen?" mit der sich anschließenden Frage: „Und was ist dabei herausgekommen?" Diese Fragestellung betont den Wert der Handlung und den Unterschied zwischen Handeln und Nachdenken über Probleme.

Bisweilen haben Menschen jahrelang über Probleme nachgegrübelt und erst, nachdem sie gefragt wurden, was sie denn zur Problemlösung getan hätten, festgestellt, dass sie bisher noch nichts getan haben.

Der folgende Beispieldialog soll dies veranschaulichen:

Robert Göswein (Coach)
Wie viel wiegen Sie heute?

Guido Köster (Coachee)
88 Kilo.

Robert Göswein (Coach)
Wann haben Sie sich das letzte Mal gewogen?

Guido Köster (Coachee)
Letzte Woche.

Robert Göswein (Coach)
Im Badezimmer steht eine Waage. Wiegen Sie sich doch dort einmal.

Guido Köster (Coachee)
Das habe ich erwartet. Ich wiege 95 Kilo. Das liegt aber nur an den Kleidern und den schweren Schuhen.

Robert Göswein (Coach)
Essen Sie gerne und viel?

Guido Köster (Coachee)
Es geht so. Süßigkeiten esse ich für mein Leben gern.

Robert Göswein (Coach)
Haben Sie in letzter Zeit viel gegessen?

Guido Köster (Coachee)

Na ja, ich hatte ziemlichen Stress im Büro. Da habe ich schon mal etwas mehr gegessen. Vor allem Schokolade.

Robert Göswein (Coach)

Was verursachte bei Ihnen den Stress im Büro?

Guido Köster (Coachee)

Das Gefühl, der vielen Arbeit nicht mehr gewachsen zu sein. Meine schlechte Gesundheit und mein Alter tragen hierzu bei.

Robert Göswein (Coach)

Was beunruhigt Sie am meisten?

Guido Köster (Coachee)

Ich glaube, die Gesundheit. Ich bin sicher, dass sich meine Einstellung zum Job verbessern wird, wenn ich sie in den Griff bekomme.

Robert Göswein (Coach)

O.k. Lassen wir Ihre Einstellung zu Ihrem Beruf an dieser Stelle einmal beiseite. Wir kommen später darauf zurück. Von was essen Sie derzeit zu viel?

Guido Köster (Coachee)

Schokolade.

Robert Göswein (Coach)

Lassen Sie uns jetzt Ihre sportlichen Aktivitäten ansehen. Was machen Sie derzeit?

Guido Köster (Coachee)

Ich habe wieder angefangen zu joggen.

Robert Göswein (Coach)

Wie oft gehen Sie joggen und wie lange?

Guido Köster (Coachee)

Ich laufe ungefähr 15 Minuten, und das zweimal die Woche. Laufe ich häufiger, tun mir meine Waden weh. Dann geht nichts mehr.

Robert Göswein (Coach)

Halten Sie die Beschwerden vom Joggen ab?

Guido Köster (Coachee)

Ja. Die Waden, meine Kniescheibe, das Schwitzen – ich hasse es.

Robert Göswein (Coach)

Welchen sportlichen Aktivitäten gehen Sie sonst noch nach?

Guido Köster (Coachee)

Spazierengehen und Sauna. Das mache ich ganz gerne. Es ist zumindest nicht so anstrengend wie Joggen.

Herr Köster ist ehrlich zu sich, was die Realität hinsichtlich seines Essens und seiner geringen Bewegung betrifft. Sein Coach lässt ihn bewusst noch einmal sein Gewicht überprüfen. Diese Situation ist ausschlaggebend für die Motivation seines Handelns. Herr Köster ist bestürzt über sein Gewicht und will alles tun, um an seinem Ziel zu arbeiten. Er hält dieses Ziel nach wie vor für realistisch.

Erarbeiten alternativer Vorgehensweisen

In dieser Phase des Coachings geht es nicht darum, die richtige Antwort auf ein Problem zu finden, sondern alternative Vorgehensweisen zu erarbeiten. Aus der Zusammenstellung der Handlungsoptionen werden dann spezifische Handlungsschritte ausgewählt.

In dem folgenden Dialog erarbeitet der Coach mit Herrn Köster Handlungsoptionen.

Robert Göswein (Coach)

Herr Köster, was könnten Sie alles tun, um schlanker zu werden?

Guido Köster (Coachee)
Ich könnte z. B. häufiger laufen.

Robert Göswein (Coach)
Was könnten Sie sonst noch tun?

Guido Köster (Coachee)
Weniger essen und trinken?

Robert Göswein (Coach)
Was noch?

Guido Köster (Coachee)
Ich könnte nicht nur weniger essen, sondern auch nicht mehr so fett.

Robert Göswein (Coach)
Noch etwas?

Guido Köster (Coachee)
Ich könnte zusätzlich zum Laufen noch schwimmen gehen.

Robert Göswein (Coach)
Ist das alles, was Sie tun könnten?

Guido Köster (Coachee)
Ich glaube, das sind schon eine ganz Menge Dinge.

Robert Göswein (Coach)
Möchten Sie noch eine andere Option in Erwägung ziehen?

Guido Köster (Coachee)
Klar. Haben Sie noch eine Idee?

Robert Göswein (Coach)
Sie könnten statt mit dem Auto mit dem Fahrrad ins Büro fahren.

Guido Köster (Coachee)

Ja, da haben Sie Recht. Das ist auch eine gute Idee.

Nach diesem Dialog gehen Coach und Coachee die Liste der Optionen durch und wägen Vor- und Nachteile ab.

Der Coach hat in diesem Dialog alles daran gesetzt, dass der Coachee seine Handlungsoptionen selbst findet. Alle Optionen müssen vom Coach schriftlich festgehalten werden. Sie können den Keim einer Idee enthalten, die sich erst später als ein bedeutsamer Beitrag zur Problemlösung erweist.

Was macht der Coach nun, wenn er eine Handlungsoption kennt, die dem Coachee noch nicht eingefallen ist. Wann sollte der Coach sein Sachwissen anwenden? Selbstverständlich erst dann, wenn der Coachee seine Möglichkeiten ausgeschöpft hat. Aber gerade weil es wichtig ist, dass der Coachee seine Handlungsoptionen selbst findet, muss der Coach in dieser Situation viel Fingerspitzengefühl zeigen, um dem Coachee weiterhin das Gefühl zu geben, er habe sich die Handlungsoptionen selbst erarbeitet. So kann der Coach beispielsweise sagen: „Ich kenne noch ein paar weitere Möglichkeiten, wie das Problem gelöst werden könnte. Möchten Sie sie hören?“ Nur sehr wenige Coachees werden mit „Nein“ antworten. Einige werden ihren Coach auffordern, noch abzuwarten, bis sie einen bestimmten Gedankengang zu Ende gebracht haben. Den Vorschlägen des Coaches sollte immer nur die gleiche Bedeutung zukommen wie allen anderen erarbeiteten Handlungsoptionen.

Robert Göswein (Coach)

Herr Köster, ich möchte Sie an die Liste der Handlungsoptionen erinnern. Was werden Sie nun tun?

Guido Köster (Coachee)

Ich werden zunächst dreimal die Woche 30 Minuten joggen.

Robert Göswein (Coach)

Wann beginnen Sie mit dem Joggen?

Guido Köster (Coachee)

Ich beginne Montag und werde abends nach dem Job joggen. Das wird voraussichtlich gegen 18:00 Uhr sein.

Robert Göswein (Coach)

Werden Sie noch etwas anderes tun?

Guido Köster (Coachee)

Ja, ich werde keine Schokolade mehr essen. Außerdem werde ich abends ab 19:00 gar nichts mehr essen.

Robert Göswein (Coach)

Das, was Sie sich vorgenommen haben – ist das realistisch?

Guido Köster (Coachee)

Ja. Ich denke schon.

Robert Göswein (Coach)

Ich denke gerade an Ihre Bequemlichkeit. Brauchen Sie meine Unterstützung?

Guido Köster (Coachee)

Ja, ich brauche ständig jemanden, der mich antreibt. Ich werde meine Frau bitten, mich hierbei zu unterstützen.

Robert Göswein (Coach)

Brauchen Sie irgendeine weitere Unterstützung?

Guido Köster (Coachee)

Es würde mir helfen, wenn Sie mich einmal die Woche anrufen könnten.

Robert Göswein (Coach)

Das kann ich machen. Nun meine letzte Frage: Entsprechen die vereinbarten Maßnahmen Ihrem Ziel?

Guido Köster (Coachee)

Ja, ich denke schon. Ich bin sehr zuversichtlich, dass ich mein Ziel erreiche. Denn letztlich habe ich ja mein Fünfjahresziel vor Augen.

Diese Fallen sollten Sie kennen

Nicht immer verläuft ein Coaching geradlinig. Da Coach und Coachee eine sehr intensive Beziehung miteinander eingehen, birgt gerade dieses Vertrauensverhältnis einige Risiken.

Der Coachee gewöhnt sich an den Coach

Gerade bei länger andauernden Coachingprozessen gewöhnt sich der Coachee schnell an die Situation, stets jemanden an der Seite zu haben, mit dem er die Möglichkeit hat, über Belange aller Art zu sprechen. Ungern möchte der Coachee diese Möglichkeit missen und schiebt das Ende des Coachingprozesses immer wieder hinaus. In solchen Situationen muss der Coach an ein zentrales Ziel eines Coachings erinnern: Hilfe zur Selbsthilfe. Ein klarer Fahrplan hinsichtlich der Beendigung des Coachings ist zu vereinbaren.

Verkümmerung des Selbstmanagements

Je länger ein Coaching dauert, desto häufiger verlässt sich der Coachee auf seinen Coach. Dieses „Sich-Verlassen“ wird sehr schnell zur Gewohnheit. Dabei verkümmern die eigenen Selbstregulationsfähigkeiten und Feedback-Mechanismen beim Coachee. Der Coach muss nun dafür Sorge tragen, dass diese Mechanismen verbessert werden, mit dem Ziel, dass er nicht mehr gebraucht wird. Der Coachee soll nach Beendigung des Coachingprozesses in der Lage sein, seine beruflichen und auch privaten Problemstellungen und Fragen mit seinem erweiterten Verhaltensrepertoire alleine zu bewältigen.

Nicht alle Probleme sind durch ein Coaching allein zu lösen

Während des Coachingprozesses können Probleme des Coachees offenbar werden, die mit einem Coaching nicht bearbeitet werden können. Hier muss der Coach vor allem seine persönlichen Interventionsgrenzen abschätzen können. Der Coach hat diese Situationen rechtzeitig zu erkennen und in diesen Fällen auf Therapieeinrichtungen oder Selbsthilfegruppen zurückzugreifen. Zu diesen Problemen können z. B. Alkoholismus oder psychosomatische Beschwerden des Coachees gehören.

Marc-Phillip hat viele Aspekte des Coachings kennen gelernt und ist nun sehr gespannt, im Rahmen seines Traineeprogramms als Beobachter an einem Coaching teilnehmen zu können. „Was meinen Sie, Marc-Phillip", kommt ihm Mike Hanke zuvor. „Nächste Woche habe ich ein interessantes Coaching mit einem Vertriebsleiter eines renommierten Herstellers von Sportwagen. Bei dem Coachee handelt es sich um einen offenen und dynamischen Mann Mitte dreißig. Ich werde ihn vorab fragen, ob er einverstanden ist, dass wir zu zweit kommen. Den ersten Tag werden wir ihn bei einigen seiner Besuche, also ‚on the job', begleiten, am zweiten Tag setzen wir uns in einem Seminarraum eines Hotels zusammen, werten die Beobachtungsbögen des Vortages aus und arbeiten mit ihm an den in dem Zielvereinbarungsgespräch abgesteckten Zielen. Hätten Sie Interesse, mich zu begleiten?" Natürlich sagt Marc-Phillip zu und freut sich schon jetzt auf zwei spannende Coachingtage in der Praxis.

Literaturhinweise

Business Coaching. Mehr Erfolg als Mensch und Macher
von Gregor Schmidt, erschienen 1995, Th. Gabler, Wiesbaden

Coaching für die Praxis
von John Whitmore, erschienen 1997, Heyne, München

Coaching in der Personalentwicklung
von Angela M. Thomas, erschienen 1998, H. Huber, Göttingen

Coaching von Managern. Konzepte, Praxiseinsatz, Erfahrungsberichte
von Matthias Weßling u. a., erschienen 1999, Berlin Verlag, Berlin

Coaching. Die 10 Schritte der erfolgreichen Managementbegleitung
von Thomas Holtbernd, Bernd Kochanek, erschienen 1999, Bachem Wirtschaft, K.

Coaching. Eine Einführung für Praxis und Ausbildung.
von Astrid Schreyögg, erschienen 1995, Campus Verlag., Frankfurt am Main

Stichwortverzeichnis

Anhang

Vorbereitung des Mitarbeitercoachings

Ziele und Vorgaben des Coachings

Lösungen erarbeiten

Selbstvertrauen stärken

Einschätzung der Fähigkeiten und des Engagements

Erstgespräch

Leitfaden für die Erarbeitung eines Arbeitsplans

Kurztest: Welcher Ich-Zustand dominiert bei Ihnen?

Persönlicher Entwicklungsplan

Vorbereitung des Mitarbeitercoachings

Warum ist bei dem Mitarbeiter ein Coaching nötig?

Welche Aufgaben/Verantwortung soll der Mitarbeiter zukünftig übernehmen?

Welchen Nutzen hat der Mitarbeiter aus der Übertragung dieser zusätzlichen Aufgabe? (Nicht nur zusätzliche Arbeitsbelastung!)

Welche Stärken weist der Mitarbeiter zur Erledigung dieser Aufgabe auf?

Sind vor dem Coaching mit anderen Personen/Führungskräften Rahmenbedingungen abzuklären?

Ziele und Vorgaben des Coachings

Welche Ziele wollen Sie mit dem Mitarbeiter besprechen?

Ist der Mitarbeiter den neuen Aufgaben hinsichtlich seines Wissens, seines Könnens und seiner Einstellung gewachsen?

Welche vergangenen Leistungen des Mitarbeiters lassen davon ausgehen, dass das Coaching erfolgreich verlaufen wird?

Wann soll der Mitarbeiter die erlernten Fertigkeiten selbstständig anwenden können?

Welche Zwischenziele wollen Sie in der ersten Sitzung mit dem Mitarbeiter vereinbaren?

Lassen sich Meilensteine auf dem Weg zum Ziel einrichten und bis wann sind diese zu erreichen?

Wann wird der Coachingprozess unter Berücksichtigung der Fähigkeiten des Mitarbeiters abgeschlossen sein?

Lösungen erarbeiten

Welchen persönlichen Lernstil hat der Mitarbeiter? ______________

Welchen Lernstil habe ich als Coach? ______________

Kann der Lernstil des Mitarbeiters das Ziel gefährden (z. B. überzogener Aktivismus)? ______________

Mit welchem Aktionsplan sollen die erzielten Fortschritte des Coachees überprüft werden? ______________

Wie kann der Coachee in der Erreichung des Ziels unterstützt werden?

Welche Fragen können dem Coachee helfen, die mit der Aufgabe verbundenen Probleme zu erkennen und zu lösen? ______________

Selbstvertrauen stärken

Wie kann das Coaching zu einer beruflichen Weiterentwicklung des Mitarbeiters beitragen?

In welcher beruflichen Lebensphase befindet sich der Mitarbeiter?

Wie kann eine Atmosphäre geschaffen werden, in der das Risiko eines Misserfolges so gering wie möglich gehalten werden kann?

Einschätzung der Fähigkeiten und des Engagements

Fähigkeiten

Kann der Mitarbeiter aufgetragene fachliche Problemstellungen eigenständig lösen?

Gibt es ein Wissensdefizit, das ausgeglichen werden muss, bevor die neue Aufgabe angegangen wird?

Arbeitet der Mitarbeiter selbstständig?

Sucht der Mitarbeiter berufliche Entscheidungen oder meidet er sie?

Engagement

Ist der Mitarbeiter in der Lage, seine Rolle im Team/als Führungskraft klar zu definieren? ______________________________

____

Setzt der Mitarbeiter sich gerne mit neuen Aufgaben auseinander?

____

Verfügt der Mitarbeiter über eine hohe Bereitschaft zur Leistung?

____

Ist der Mitarbeiter belastbar? ______________________________

____

Hat er die Grenzen seiner Belastbarkeit erreicht oder verfügt er über Reserven? ______________________________

____

Welche Motive spornen den Mitarbeiter zur Leistung an?______________

____

Sucht oder meidet der Mitarbeiter Verantwortung?______________

____

Erstgespräch

Welche Erwartungshaltung hat der Coachee und kann der Coach diesen Erwartungen gerecht werden? ______________________________

____

Sind Werte und Werthaltung beider Parteien miteinander vereinbar?

____

Welche Vorstellung hat der Coachee vom Coaching. Müssen diese unter Umständen korrigiert werden (der Coach löst nicht die Probleme des Coachee)?______________________________

____

Ist das Coaching individuell auf den Coachee und seine Problemsituation zurechtgeschnitten? ______________________________

____

Leitfragen für die Erarbeitung eines Arbeitsplans

Was konkret werden Sie tun, um das Ziel zu erreichen? ____________

____

____

Wann beginnen Sie mit der Umsetzung des Arbeitsplans und wann wird sie beendet sein? ______________________________

____

____

Sind die geplanten Schritte die richtigen, um das Ziel zu erreichen?

____

____

Mit welchen Widerständen müssen Sie rechnen? ________________

____

Wen müssen Sie von Ihrem Vorhaben informieren?______________

____

____

Welche Unterstützung brauchen Sie bei der Umsetzung ihres Handlungsplans? Wie und Wann werden Sie sie erhalten? ______________

____

____

Welche anderen Pläne müssen mit dem neuen Handlungsplan synchronisiert werden? ______________________________

____

____

Wie sicher sind Sie, dass Sie den vereinbarten Handlungsplan auch ausführen werden? ______________________________

____

____

Kurztest: Welcher Ich-Zustand dominiert bei Ihnen?

1	Ich bin impulsiv	JA ☐	NEIN ☐
2	Es macht mir nichts aus, alleine zu sein	JA ☐	NEIN ☐
3	Ich halte die Berufe für die wertvollsten, in denen Menschen geholfen wird	JA ☐	NEIN ☐
4	Ich halte mich für flexibel	JA ☐	NEIN ☐
5	Ich bin der Ansicht, dass man gewisse Berufstraditionen in der Familie aufrechterhalten soll	JA ☐	NEIN ☐
6	Es fällt mir nicht schwer, Entscheidungen zu treffen	JA ☐	NEIN ☐
7	Meist bekomme ich von anderen das, was ich von ihnen haben möchte	JA ☐	NEIN ☐
8	Ich erröte leicht	JA ☐	NEIN ☐
9	Ich stehe immer auf der Seite der Schwächeren	JA ☐	NEIN ☐
10	Ich bin der Meinung, dass Kinder ihren Eltern Respekt entgegenbringen müssen	JA ☐	NEIN ☐
11	Es fällt mir leicht, in öffentlichen Veranstaltungen das Wort zu ergreifen	JA ☐	NEIN ☐
12	Ich habe die Tendenz, mich der Meinung anderer anzuschließen	JA ☐	NEIN ☐
13	In Stresssituationen bleibe ich ruhig	JA ☐	NEIN ☐
14	Ich halte an Brauchtum, Traditionen und Ritualen fest	JA ☐	NEIN ☐

15	Ich wähle immer den leichtesten Weg, um zum Ziel zu gelangen	JA ☐	NEIN ☐
16	Ich liebe Musik	JA ☐	NEIN ☐
17	Ich bin immer voller neuer Ideen	JA ☐	NEIN ☐
18	Die Meinung anderer Leute akzeptiere ich nicht vorbehaltlos	JA ☐	NEIN ☐
19	Es fällt mir leicht, andere Menschen zu trösten	JA ☐	NEIN ☐
20	Ich bin der Meinung, dass meine Ausbildung noch nicht abgeschlossen ist, und versuche deshalb, mich ständig weiterzubilden	JA ☐	NEIN ☐
21	Ich kann meine Gefühle immer kontrollieren	JA ☐	NEIN ☐
22	Ich glaube, dass Erfolg im Leben sich nur durch harte Arbeit einstellt	JA ☐	NEIN ☐
23	Ich bin dafür, dass man Sexprobleme offen diskutiert	JA ☐	NEIN ☐
24	Ich habe Mitleid mit Menschen, die sich in Schwierigkeiten befinden	JA ☐	NEIN ☐
25	Ich halte mich für egozentrisch	JA ☐	NEIN ☐
26	Ich neige dazu, Unangenehmes aufzuschieben	JA ☐	NEIN ☐
27	Ich bin der Meinung, dass die Frau zu den Kindern ins Haus gehört	JA ☐	NEIN ☐
28	Ich fahre gerne schnell	JA ☐	NEIN ☐
29	Es fällt mir leicht, mich zu beherrschen	JA ☐	NEIN ☐
30	Ich bin der Meinung, dass jedermann trotz eines Fehlschlags eine zweite Chance verdient	JA ☐	NEIN ☐

Auswertung des Kurztests:

So stellen Sie fest, wie stark Ihr **Eltern-Ich** ausgeprägt ist: Addieren Sie die Ja-Punkte, die Sie den Aussagen Nr. 3, 5, 9, 10, 14, 19, 22, 24, 27 und 30 gegeben haben.
Ergebnis Eltern-Ich: _______Punkte

So stellen Sie fest, wie stark Ihr **Erwachsenen-Ich** ausgeprägt ist: Addieren Sie die Ja-Punkte, die Sie den Aussagen Nr. 2, 4, 6, 11, 13, 18, 20, 21, 23 und 29 gegeben haben.
Ergebnis Erwachsenen-Ich:_______Punkte

So stellen Sie fest, wie stark Ihr **Kind-Ich** ausgeprägt ist: Addieren Sie die Ja-Punkte, die Sie den Aussagen Nr. 1, 7, 8, 12, 15, 16, 17, 25, 26 und 28 gegeben haben.
Ergebnis Kind-Ich:_______Punkte

Übersteigt eine Punktsumme die übrigen um mehr als zwei Punkte, sind Ihre Urteile, Entscheidungen, Empfindungen, Ihr Verhalten und Ihr Umgang mit Menschen generell aus diesem Ich-Zustand dominiert. Das bedeutet nicht, dass die beiden anderen Ich-Zustände ohne Einfluss sind. Alle drei zusammen bestimmen – je nach Situation – Ihr tägliches Verhalten.

Ist ein Ich-Zustand extrem schwach ausgeprägt oder fehlt er ganz, sollten Sie darüber nachdenken, sich damit auseinanderzusetzen und mögliche Defizite herauszufinden und dann bewusst daran zu arbeiten. Nur der Coach, der auf der Erwachsenen-Ebene agiert, wird in der Lage sein, seinen Coachee in eben dieser zu halten. Und dies ist die unabdingbare Voraussetzung für den dauerhaften Erfolg in der persönlichen Entwicklung.

Persönlicher Entwicklungsplan

Für den Zeitraum vom: bis:

Das sind meine Stärken.
Die will ich beibehalten!
1. ____________________
2. ____________________
3. ____________________
4. ____________________

Das sind meine Schwächen,
die ich abbauen möchte!
1. ____________________
2. ____________________
3. ____________________
4. ____________________

Das will ich zur Erhaltung
meiner Stärken tun!
1. ____________________
2. ____________________
3. ____________________
4. ____________________

Das will ich tun,
um die Schwächen abzubauen!
1. ____________________
2. ____________________
3. ____________________
4. ____________________

An diesen Problemen werde ich arbeiten!

1. ______________________________
2. ______________________________
3. ______________________________
4. ______________________________

Im Seminar

____
____
____
____
____

Am Arbeitsplatz

____
____
____
____
____

Literatur

____
____
____
____
____